頭にしみこむ
＼メモリータイム！／

寝る前5分 暗記ブック

中1

Gakken

もくじ

★社会

★国語 ※国語は後ろ側から始まります。

この本の特長と使い方

★この本の特長

暗記に最も適した時間「寝る前」で，効率よく暗記！

この本は，「寝る前の暗記が記憶の定着をうながす」というメソッドをもとにして，中1の5教科の重要なところだけを集めた参考書です。

暗記に最適な時間を上手に活用して，中1の重要ポイントを効率よくおぼえましょう。

★この本の使い方

この本は，1項目2ページの構成になっていて，5分間で手軽に読めるようにまとめてあります。赤フィルターを使って，赤文字の要点をチェックしてみましょう。

①

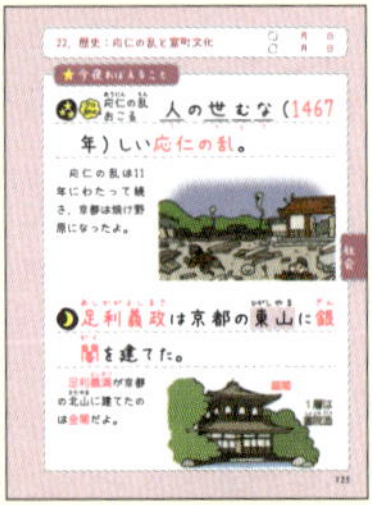

22．歴史：応仁の乱と室町文化

★今夜おぼえること

応仁の乱おこる　人のせむな（1467年）しい応仁の乱。

応仁の乱は11年にわたって続き，京都は焼け野原になったよ。

足利義政は京都の東山に銀閣を建てた。

足利義満が京都の北山に建てたのは金閣だよ。

②

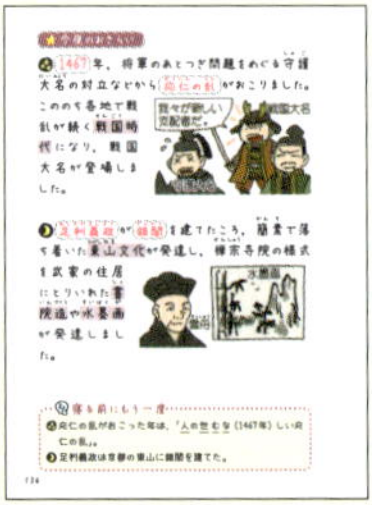

1467年，将軍のあとつぎ問題をめぐる守護大名の対立などから応仁の乱がおこりました。

このあと各地で戦乱が続く戦国時代になり，戦国大名が登場しました。

我々が新しい支配者だ。
戦国大名

足利義政が銀閣を建てたころ，簡素で落ち着いた東山文化が発達し，禅宗寺院の様式を武家の住居にとりいれた書院造や水墨画が発達しました。

水墨画

寝る前にもう一度

応仁の乱がおこった年は，「人の世むな（1467年）しい応仁の乱」。

足利義政は京都の東山に銀閣を建てた。

① 1ページ目の「今夜おぼえること」（英語では「今夜のお話」）では，その項目の重要ポイントを，ゴロ合わせや図解でわかりやすくまとめてあります。

② 2ページ目の「今夜のおさらい」では，1ページ目の内容をやさしい文章でくわしく説明しています。読み終えたら，「寝る前にもう一度」で重要ポイントをもう一度確認しましょう。

1. be動詞の文：「私は佐藤サキです」

□ 月 日
□ 月 日

★今夜のお話

Saki：Hello. I am Sato Saki.
サキ　こんにちは。　私は佐藤サキです。

Are you Michael?
あなたはマイケルですか。

Mike：Yes, I am. Please call me Mike.
マイク　はい，そうです。　マイクと呼んでください。

Saki：Nice to meet you, Mike.
はじめまして，マイク。

Mike：Nice to meet you, too.
こちらこそ，はじめまして。

Saki：Are you tired?
疲れてる？

Mike：No, I'm not.
ううん，疲れていないよ。

I'm fine. Thanks.
元気だよ。ありがとう。

★今夜のおさらい

I am ～.は「私は～です」という意味です。名前のほかに、状態や職業を表す語などがきます。**Are you ～?** は「あなたは～ですか」と相手にたずねる言い方です。

例 I **am** busy.（私は忙しいです。）

Are **you** from Tokyo?

（あなたは東京出身ですか。）

Are you a teacher?（あなたは先生ですか。）

答えるときは、「あなたは」と聞かれたのだから、「私は」と、Iを主語にして、Yes, **I** **am**.（はい、そうです。）やNo, **I'm** **not**.（いいえ、ちがいます。）などと答えるよ。

Please call me ～.は「私を～と呼んでください」という意味です。自分をどう呼んでほしいか考えておくといいよ！

寝る前にもう一度

答えはp.5を見よう

「私は佐藤サキです」

「私をマイクと呼んでください」

2. This is ~. の文:「これは私の家です」

□ 月 日
□ 月 日

★今夜のお話

Saki : This is my house. Please come in.
サキ　これが私の家よ。　どうぞ，中に入って。

Mike : Wow, it's very Japanese. It's nice.
マイク　わー，とても日本的だね。　すてきだね。

Saki : This is my room.
これは私の部屋。

And that is your room.
そして，　あちらがあなたの部屋よ。

Mike : Oh, OK. Is that my name?
ああ，わかった。　あれはぼくの名前？

Saki : Yes, it is! It's in Japanese.
そうよ！　日本語でよ。

Mike : Cool! Thanks.
かっこいい！　ありがとう。

★今夜のおさらい

近くのものをさして「これは～です」というときは，**This** is ～.を使います。離れたものをさして「あれは～です」というときは，**That** is ～.を使います。**That's** のように，短縮して使うことも多いよ。

This is のあとに人物を続けると，「こちらは～です」と人を紹介する言い方になるよ。

例 This is my brother, Ken.
（こちらは私の兄［弟］のケンです。）

Is that ～?は「あれは～ですか」という意味です。近くのものの場合は，Is **this** ～?（これは～ですか。）になります。

Is this [that] ～?には，Yes, **it** is.（はい，そうです。）やNo, **it** isn't.（いいえ，ちがいます。）などと答えるよ。

寝る前にもう一度

答えはp.7を見よう

「これは私の家です」
「あれはあなたの部屋です」
「あれは私の名前ですか」

3. 一般動詞の文：「私は毎日ピアノをひきます」

□ 月 日
□ 月 日

★今夜のお話

Mike : Is this your piano?
マイク　これは君のピアノ？

Saki : Yes, it is. I play the piano every day. But I like sports, too.
サキ　うん，そうよ。私は毎日ピアノをひくの。でも，スポーツも好きよ。

Mike : Oh, me too! I play basketball. Do you play basketball?
わぁ，ぼくも！ ぼくはバスケットボールをするよ。君はバスケットボールをするの？

Saki : No, I don't. But I sometimes watch basketball games on TV.
ううん，しない。でも，ときどきテレビでバスケットボールの試合を見るよ。

★今夜のおさらい

「(スポーツを)する」というときは、**play tennis**(テニスをする)のように、**play**のあとにスポーツ名を続けます。

「(楽器を)演奏する」というときは、**play the piano**のように、楽器名の前に**the**を入れて、〈**play the**＋楽器名〉と表します。

Do you ～? は「あなたは～しますか」とたずねる言い方です。**am, are, is**の**be**動詞の疑問文は**be**動詞を主語の前に出しましたが、**play**などの一般動詞の疑問文は、**Do**で文を始めます。**Do you ～?**には、**Yes, I do.**(はい。)や**No, I don't.**(いいえ。)などと答えます。

例 **Do you like English?**
(あなたは英語が好きですか。)
— Yes, I do. / No, I don't.
(—はい、好きです。/いいえ、好きではありません。)

寝る前にもう一度

答えはp.9を見よう

「私は毎日ピアノをひきます」

「あなたはバスケットボールをしますか」

4. 3人称の文:「父は銀行で働いています」

□ 月 日
□ 月 日

★今夜のお話

Mike: These are my parents. My father works at a bank. My mother teaches Japanese at a college.

マイク　こちらはぼくの両親なんだ。父は銀行で働いているんだ。母は大学で日本語を教えているよ。

Saki: Does your mother speak Japanese?

サキ　あなたのお母さんは日本語を話すの？

Mike: Yes, she does.

うん，話すよ。

Saki: How about your father?

あなたのお父さんはどう？

Mike: He doesn't speak Japanese. But he loves Japan.

彼は日本語を話さないよ。でも，日本が大好きなんだ。

★今夜のおさらい

主語が3人称単数(he, she, itなど)の文では，動詞はwork→worksのように，**語尾にs**がついた形になります。**語尾にes**がついたり，少しちがう変化をしたりする動詞があるので注意しましょう。

例 go → **goes**　　do → **does**
study → **studies**　　have → **has**

主語が3人称単数の一般動詞の疑問文は，**Does**で文を始めます。**動詞は原形（sがつかない形）**を使います。

例 Does he like tennis?
– Yes, he does. / No, he doesn't.
（彼はテニスが好きですか。－はい。／いいえ。）

主語が3人称単数で「〜しません」というときは，動詞の前に**doesn't**が入ります。疑問文と同じく，**動詞は原形**です。

寝る前にもう一度

答えはp.11を見よう

「父は銀行で働いています」
「あなたのお母さんは日本語を話しますか」
「彼は日本語を話しません」

5. 疑問詞の文(1):「きょうだいは何人いますか」

□ 月 日
□ 月 日

★ 今夜のお話

Saki : How many brothers or sisters do you have?
サキ　きょうだいは何人いるの？（何人きょうだいなの？）

Mike : I have one sister.
マイク　姉が１人いるよ。

Saki : What is her name?
彼女の名前は何？

Mike : Kate.
ケイト。

Saki : How old is she?
彼女は何歳なの？

Mike : She's sixteen.
16歳だよ。

She's a high school student.
高校生なんだ。

★今夜のおさらい

How **many** ～?は「いくつの～」という意味で，数をたずねるときに使います。きょうだいの人数をたずねるときは，brothers or sisters（兄弟または姉妹）をあとに続けます。Do you have any brothers or sisters?（きょうだいはいますか。）とたずねることもできます。

whatは「**何**」とたずねるときに使う疑問詞です。

例 What is this? – It's sushi.
（これは何ですか。－すしです。）

How **old** ～?は**人の年齢や建物などの古さ**をたずねるときに使います。Howのあとの形容詞を変えるといろいろなことをたずねることができるよ！

例 How **much** is it?　（いくらですか。）
How **tall** are you?　（身長はどのくらいですか。）

寝る前にもう一度

答えはp.13を見よう

- 「きょうだいは何人いますか」
- 「彼女の名前は何ですか」
- 「彼女は何歳ですか」

6. 疑問詞の文(2):「あの男の子はだれですか」

□ 月 日
□ 月 日

★今夜のお話

Ken : Hi, Saki! Who is that boy?

ケン　やあ，サキ！　あの男の子はだれ？

Saki : Oh, hi, Ken. He's Mike.

サキ　あ，こんにちは，ケン。　彼はマイクよ。

He's a foreign student.

彼は留学生なの。

Ken : Where is he from?

彼はどこの出身なの？

Saki : He's from New York.

彼はニューヨーク出身よ。

Ken : What language does he speak?

何語を話すの？

Saki : He speaks English and a little

彼は英語と少し日本語を話すのよ！

Japanese!

★今夜のおさらい

Who is ～?は「～は**だれ**ですか」という意味です。Who is ～?の質問には，「名前」のほかに，自分との関係などを答えることもあります。

例 Who is that woman?（あの女の人はだれですか。）
– She is Ms. Yamada.（山田さんです。）
– She is my mother.（母です。）

whereは「**どこ**」という意味で，場所をたずねる疑問詞です。あとに疑問文の形が続きます。

例 Where are you from? – I'm from Osaka.
（あなたはどこの出身ですか。– 大阪出身です。）

〈What 名詞 ～?〉は「**何の**～?」という意味で，名詞を変えるといろいろなことをたずねることができるよ！

例 What **sport** do you like? – I like soccer.
（何のスポーツが好きですか。– サッカーが好きです。）

寝る前にもう一度

答えはp.15を見よう

- 「あの男の子はだれですか」
- 「彼はどこの出身ですか」
- 「彼は何語を話しますか」

★今夜のお話

Mike : I'm hungry. What time is it?
マイク　おなかがすいたよ。　何時？

Ken : It's already one. Do you know a good restaurant, Saki?
ケン　もう１時だよ。　いいレストランを知っている，サキ？

Saki : Mike, which do you like, *gyudon* or *okonomiyaki*?
サキ　マイク，　牛丼とお好み焼きのどちらが好き？

Mike : Umm, *gyudon*.
そうだなー，牛丼で。

Saki : OK. This way!
オッケー。　こっちよ！

★今夜のおさらい

What time is it?は「何時ですか」と時刻をたずねる言い方です。時刻や天気や寒暖などを表す文では**it**を主語に使います。この**it**には「それ」という意味はありません。

例 **It's** sunny and hot today.
（今日は，晴れていて暑いです。）

whichは「どれ」「どちら」とたずねるときに使います。**A or B?**は「AとBのどちら？」の意味です。留学生と一緒に食事をするときは，選択肢を与えてあげると選びやすくなるね。

例 **Which** is your favorite color, red **or** blue? – Red is.
（あなたのいちばん好きな色は赤と青のどちらですか。一赤です。）

寝る前にもう一度

答えはp.17を見よう

- 「何時ですか」
- 「牛丼とお好み焼きのどちらが好きですか」

8. 命令文：「本を閉じなさい」

□　月　日
□　月　日

英語

★今夜のお話

Mr. Hill : Now, everybody. Close your books. Listen to this new song.

ヒル先生　さあ，みなさん。本を閉じて。この新しい歌を聞いて。

Students : OK, Mr. Hill.

生徒たち　はい，ヒル先生。

Mr. Hill : Now, these are the lyrics.

では，これらが歌詞です。

Let's sing the song together.

一緒にその歌を歌いましょう。

Don't be shy.

はずかしがらないでね。

Students : OK, Mr. Hill.

わかりました，ヒル先生。

★今夜のおさらい

★ 主語のYouを省略して，**動詞で文を始めると，「～しなさい」と指示する言い方**になります。
be動詞の命令文は，beで文を始めます。

例 **Open** your books.（本を開きなさい。）
Be quiet.（静かにしなさい。）

☽ 命令文の前に**Let's**をおくと，**「～しましょう」**と相手を誘う表現になります。

例 **Let's** go shopping.（買い物に行きましょう。）

✧ 命令文の前に**Don't**をおくと，**「～してはいけません」**という否定の命令文になります。

例 **Don't** run here.（ここで走ってはいけません。）
Don't **be** late.（遅れてはいけないよ。）

寝る前にもう一度

答えはp.19を見よう

★「本を閉じなさい」
☽「一緒に（その）歌を歌いましょう」
✧「はずかしがってはいけません」

★今夜のお話

Kate : Hello?
ケイト　もしもし？

Mike: Hi, Kate. This is Mike.
マイク　やあ，ケイト。　マイクだよ。

Kate : Wow! Hi, Mike. How's Japan?
わー！　こんにちは，マイク。　日本はどう？

Mike : It's just great! By the way,
ただただ最高だよ！　ところで，

are you watching TV?
テレビを見ているの？

Kate : No, I'm not. I am having lunch outside.
ううん，ちがうよ。　外でお昼を食べているのよ。

Mike : Oh, I see. What are you eating?
あー，なるほど。　何を食べているの？

Kate : I'm eating a hot dog.
ホットドッグを食べているの。

Mike : Oh, I miss hot dogs!
あー，ホットドッグが恋しいな！

★今夜のおさらい

〈be動詞+〜ing〉で，「〜しているところだ」という意味で，動作が進行中であることを表します。like（〜が好きだ）やknow（〜を知っている）という状態を表す動詞は進行形にはしません。

現在進行形はbe動詞の文の仲間なので，疑問文はbe動詞を主語の前に出します。

例 Is he cooking?（彼は料理していますか。）
— Yes, he is. / No, he isn't.（はい。/いいえ。）

What are you 〜ing?は「あなたは何をしていますか」とたずねる文です。現在進行形を使って，現在していることを具体的に答えます。

例 What are you doing?
（あなたは何をしていますか。）
— I'm studying math.（数学を勉強しています。）

寝る前にもう一度

答えはp.21を見よう

- 「あなたはテレビを見ていますか」
- 「あなたは何を食べていますか」
- 「私はホットドッグを食べています」

10. can の文：「私はカレーが作れます」

□ 月 日
□ 月 日

英語

★今夜のお話

Mike : Do you eat curry in Japan?
マイク　日本ではカレーを食べるの？

Ken : Yes, we do. And I can make curry.
ケン　うん，食べるよ。そして，ぼくはカレーを作れるよ。

Mike: Really? I can't eat hot food.
本当に？　ぼくは辛い食べ物が食べられないんだ。

Ken : Can you eat *wasabi*?
わさびは食べられる？

Mike : I don't know. What's *wasabi*?
わからないな。　わさびって何？

Ken : It's in sushi and cold *soba*.
おすしや冷たいそばに入っているよ。

It's green.
緑色なんだ。

Mike : Oh, I know it!
あ，知っているよ！

It's not bad.
わさびは悪くないよ(なかなかいいよ)。

★今夜のおさらい

canは動詞の前において「～できる」という意味を付け加えます。主語の人称や数に関係なく，あとの動詞はいつも原形にします。canの否定文では，can't[cannot]を使います。

例 She can run fast. （彼女は速く走ることができます。）
He can't[cannot] swim. （彼は泳げません。）

Can you ～?のように主語の前にcanを出すと，「～できますか」と疑問文になります。答えるときもcanを使うことが多いです。

例 Can you play the violin?
– Yes, I can. /
No, I can't[cannot].
（バイオリンを弾けますか。―はい。／いいえ。）

寝る前にもう一度

答えはp.23を見よう

「私はカレーが作れます」

「あなたはわさびを食べられますか」

11. 過去の文:「私は先週末, 富士山に行きました」

□ 月 日
□ 月 日

★今夜のお話

Saki: Mr. Hill, I went to Mt. Fuji last weekend.
サキ　ヒル先生，先週末，富士山に行きました。

Mr. Hill: Really? Did you climb Mt. Fuji?
ヒル先生　本当？　富士山に登ったの？

Saki: Yes, I did. I made it to the top!
はい。頂上までたどり着きました！

Mr. Hill: Wonderful!
すばらしい！

Saki: What did you do last weekend?
先生は先週末何をしたのですか？

Mr. Hill: I played tennis.
私はテニスをしたよ。

I had a great time.
楽しい時間を過ごしたよ。

★今夜のおさらい

過去のことを言うときは，**動詞を過去形**にします。過去形は動詞の語尾に **ed** または **d** をつけて作りますが，不規則に変化する動詞もあるので注意しましょう。

例 go（行く）→ **went**　come（来る）→ **came**
do（する）→ **did**　get（手に入れる）→ **got**

一般動詞の過去の疑問文は主語の前に **Did** をおきます。あとの動詞は**原形**（edがつかないもとの形）にします。

疑問詞のある過去の疑問文は，**疑問詞のあとに過去の疑問文**を続けます。

例 **Where** did you go yesterday?
（あなたは昨日どこに行きましたか。）
When did he come here?
（彼はいつここに来ましたか。）

寝る前にもう一度

答えはp.25を見よう

「私は先週末，富士山に行きました」
「あなたは富士山に登りましたか」
「あなたは先週末何をしましたか」

★今夜おぼえること

減法は，ひく数の符号を変えて加法になおして計算。

減法を加法に

例　$(-5)-(-4)=(-5)+(+4)=-1$

符号を変える

2数の積・商の符号　同符号→＋　異符号→－

同符号

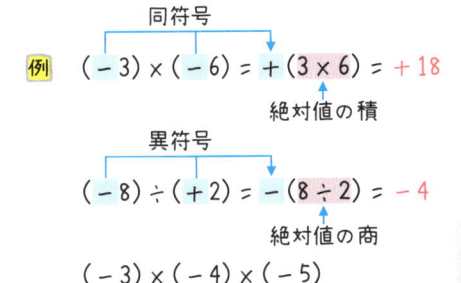

例　$(-3)\times(-6)=+(3\times 6)=+18$

絶対値の積

異符号

$(-8)\div(+2)=-(8\div 2)=-4$

絶対値の商

$(-3)\times(-4)\times(-5)$

$=-(3\times 4\times 5)$

$=-60$

3つ以上の数の積の符号は，負の数が
偶数個ならば＋
奇数個ならば－
だよ。

★今夜のおさらい

同じ符号の2つの数の和は，絶対値の和に，共通の符号をつけます。異なる符号の2つの数の和は，絶対値の差に，絶対値の大きいほうの符号をつけます。

減法は，ひく数の符号を変えて加法になおして計算します。

例　$(-2)+(-7)=-(2+7)=-9$

$(+3)+(-8)=-(8-3)=-5$

$(-6)-(+4)=(-6)+(-4)=-10$

同じ符号の2つの数の積や商の符号は＋，異なる符号の2つの数の積や商の符号は－になります。

また，乗除の混じった計算は，わる数の逆数をかけて，乗法だけの式になおして計算します。

例　$(-2)\div\frac{3}{4}\times(-6)=(-2)\times\frac{4}{3}\times(-6)=+16$

寝る前にもう一度

減法は，ひく数の符号を変えて加法になおして計算。

2数の積・商の符号…同符号→＋，異符号→－

2. 正負の数：正負の数のいろいろな計算

□ 月 日
□ 月 日

★ 今夜おぼえること

四則の混じった計算は，
( )の中・累乗→×・÷
→＋・－の順に計算。

例 $12+(7-9)\times(-3)^2$ ← ( )の中・累乗
$=12+(-2)\times 9$ ← 乗法
$=12+(-18)$ ← 加法
$=-6$

$(-3)^2$ は -3 を2個かけ合わせたものだよ。

分配法則 ▶ $(a+b)\times c=\underset{①}{\underline{a\times c}}+\underset{②}{\underline{b\times c}}$

分配法則を使うと，計算がカンタンになる場合があるよ。

例 $\left(\frac{1}{8}+\frac{5}{6}\right)\times(-24)$
$=\frac{1}{8}\times(-24)+\frac{5}{6}\times(-24)$
$=\quad -3 \quad + \quad (-20)$
$=-23$

分数×整数＝整数になるときは，分配法則を利用しよう。

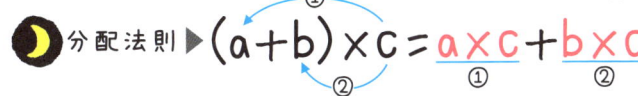

★今夜のおさらい

🌟四則の混じった計算では，はじめに計算の順序を考えます。

$$12+(7-9)\times(-3)^2$$

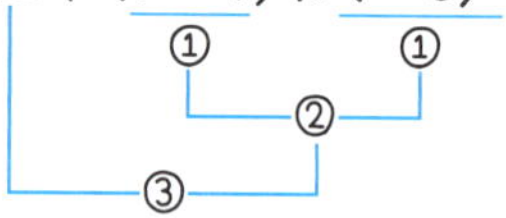

また，累乗の計算では，次の 2 つの計算のちがいに注意しましょう。

例　$(-3)^2=(-3)\times(-3)=+9$

　　$-3^2=-(3\times3)=-9$

🌙分配法則は，$a\times(b+c)=a\times b+a\times c$ の場合もあります。

また，分配法則を逆向きに使うと，計算がカンタンになる場合があります。

例　$28\times3.14+72\times3.14$

$=(28+72)\times3.14$

$=100\times3.14$

$=314$

$a\times c+b\times c=(a+b)\times c$ を利用

寝る前にもう一度

- 🌟四則の混じった計算は，（　）の中・累乗→×・÷→＋・－の順に計算。
- 🌙分配法則▶ $(a+b)\times c=a\times c+b\times c$

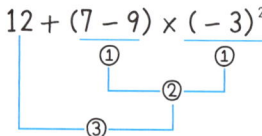

3．文字と式：式の加減

□ 月 日
□ 月 日

★ 今夜おぼえること

☆ 加法だけの式で，＋で結ばれた1つ1つが項，文字をふくむ項の数の部分が係数。

例 $4x-7y+2=4x+(-7y)+2$ だから，
項は，$4x$，$-7y$，2，x の係数は 4，y の係数は -7

☽ 文字の部分が同じ項は，$mx+nx=(m+n)x$ を使って，1つの項にまとめる。

例 $3x+5x=(3+5)x=8x$
↑ 係数どうしの和

$(6a+2)-(4a+5)$
$=6a+2\ -4a-5$
$=6a-4a+2-5$
$=2a-3$

－(　)は，各項の符号を変えてかっこをはずす

＋(　)は，そのままかっこをはずせばいいよ。

★今夜のおさらい

項を求めるには，式を加法だけの式になおします。

項

$$4x-7y+2=4x+(-7y)+2$$

係数

次のような項の係数は，まちがえやすいので注意しましょう。

例　x の係数→1，$-y$ の係数→-1，$\frac{a}{5}$の係数→$\frac{1}{5}$

文字の部分が同じ項は，係数どうしを計算して１つにまとめることができます。

かっこのある式の計算は，かっこをはずし，文字の項，数の項をそれぞれまとめます。

例　$(3x-7)-(9x-2)$

$=3x-7-9x+2$

$=3x-9x-7+2$

$=-6x-5$

$-(a+b)=-a-b$

$-(a-b)=-a+b$

寝る前にもう一度

- 加法だけの式で，＋で結ばれた１つ１つが項，文字をふくむ項の数の部分が係数。
- 文字の部分が同じ項は，$mx+nx=(m+n)x$ を使って，１つの項にまとめる。

数学

★今夜おぼえること

項が1つの式と数との乗法

▶数どうしの**積**に文字をかける。

項が1つの式と数との除法

▶わる数を**逆数**にしてかける。

例　$3a \times 8 = 3 \times 8 \times a = 24a$

数どうしの積

$6b \div \frac{3}{4} = 6b \times \frac{4}{3} = 6 \times \frac{4}{3} \times b = 8b$

逆数にしてかける

項が2つの式と数との乗法

は，**分配法則**を使う。

例　$3(2x+5) = 3 \times 2x + 3 \times 5 = 6x + 15$

除法は，逆数を使って乗法になおして計算するよ。

例　$(6y+4) \div \frac{2}{5} = (6y+4) \times \frac{5}{2} = 6y \times \frac{5}{2} + 4 \times \frac{5}{2} = 15y + 10$

★今夜のおさらい

項が１つの式と数との乗法は，数どうしの**積**を求め，それに文字をかけます。

除法は，わる数を**逆数**にして**乗法**になおして計算するか，分数の形にして数どうしを約分します。

例　$30x \div (-5) = 30x \times \left(-\dfrac{1}{5}\right) = 30 \times \left(-\dfrac{1}{5}\right) \times x = -6x$

↑逆数をかける

$30x \div (-5) = \dfrac{30x}{-5} = -6x$

↑分数の形にして約分

項が２つの式と数との乗法は，**分配法則**を使って，かっこの外の数をかっこの中のすべての項にかけます。

例　$-4(3x-7)$

$= (-4) \times 3x + (-4) \times (-7)$

$= -12x + 28$

かける数が負の数のときは，符号に注意してかっこをはずそうね。

寝る前にもう一度

- 項が１つの式と数との乗法▶数どうしの積に文字をかける。
  項が１つの式と数との除法▶わる数を逆数にしてかける。
- 項が２つの式と数との乗法は，分配法則を使う。

★今夜おぼえること

1次方程式は，移項して $ax=b$ の形に整理して解く。

例

$5x-2=3x+6$

↓ 文字の項を左辺に，数の項を右辺に移項

$5x-3x=6+2$

↓ $ax=b$ の形に整理

$2x=8$

↓ 両辺を x の係数 a でわる

$x=4$

係数に小数や分数がある方程式は，係数を整数になおす。

例 $0.7x+0.8=0.6x-1$

両辺に10をかけて，$(0.7x+0.8)\times10=(0.6x-1)\times10$

よって，$7x+8=6x-10$　これを解くと，$x=-18$

$\frac{1}{3}x+9=\frac{3}{2}x-5$

両辺に6をかけて，$\left(\frac{1}{3}x+9\right)\times6=\left(\frac{3}{2}x-5\right)\times6$

よって，$2x+54=9x-30$

これを解くと，$-7x=-84$，$x=12$

数学

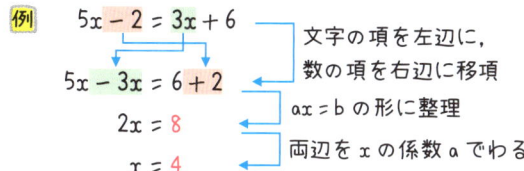

★今夜のおさらい

等式の一方の辺にある項を，その項の符号を変えて，他方の辺に移すことを**移項**といいます。

$2x+3=7$

$2x=7-3$

符号が変わる

基本的な方程式の解き方は，次のようになります。

①文字の項を左辺に，数の項を右辺に移項。

②$ax=b$ の形に整理。

③両辺を x の係数 a でわる。

例　$6x+7=x-8$

$6x-x=-8-7$

$5x=-15$

$x=-3$

係数に小数がある方程式は，両辺に**10**，**100**，…をかけて，係数を**整数**にします。

係数に分数がある方程式は，両辺に分母の**最小公倍数**をかけて，係数を**整数**にします。これを分母をはらうといいます。

寝る前にもう一度

- 1次方程式は，移項して $ax=b$ の形に整理して解く。
- 係数に小数や分数がある方程式は，係数を整数になおす。

★今夜おぼえること

速さの問題 ▶ 速さ＝道のり÷時間

（時間＝道のり÷速さ，道のり＝速さ×時間）

例1　x km の道のりを行きは時速 4 km で歩き，帰りは時速 3 km で歩き，全体で 3 時間30分かかった。

時間の関係から，$\frac{x}{4}+\frac{x}{3}=3\frac{30}{60}$ ←時間の単位で表す

$\frac{x}{4}$：行きの時間　$\frac{x}{3}$：帰りの時間

●代金の問題 ▶ 代金＝1個の値段×個数

例2　50円切手と80円切手を合わせて12枚買ったら，代金の合計が750円だった。50円切手を x 枚買ったとすると，80円切手は $12-x$（枚）だから，

$$50x+80(12-x)=750$$

$50x$：50円切手の代金　$80(12-x)$：80円切手の代金

割合の問題 ▶ a%は $\frac{a}{100}$，b割は $\frac{b}{10}$

例　x kg の30%→$x\times\frac{30}{100}=\frac{3}{10}x$ (kg)

y 円の 4 割→$y\times\frac{4}{10}=\frac{2}{5}y$ (円)

a%→0.01a
b 割→0.1b
と小数で表すこともできるよ。

★今夜のおさらい

速さの問題では，右の図の関係を利用します。

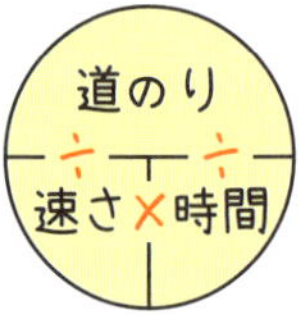

また，代金の問題では，

代金＝1個の値段×個数を利用します。

例1 の方程式を解くと，

$3x+4x=42$，$7x=42$，$x=6$　道のりは6km

道のりは正の数だから，これは問題にあてはまる。

解の検討

例2 の方程式を解くと，

$50x+960-80x=750$，$-30x=-210$，$x=7$

したがって，50円切手は7枚。

また，80円切手は，$12-7=5$（枚）

枚数は自然数だから，これらは問題にあてはまる。

解の検討

割合の問題では，**比べられる量＝もとにする量×割合**を利用して式をつくります。

$1\%=\dfrac{1}{100}=0.01$，1割$=\dfrac{1}{10}=0.1$です。

寝る前にもう一度

- 速さの問題▶速さ＝道のり÷時間
  （時間＝道のり÷速さ，道のり＝速さ×時間）
- 割合の問題▶ $a\%$は$\dfrac{a}{100}$，b割は$\dfrac{b}{10}$

7. 比例と反比例：比例

□ 月 日
□ 月 日

★今夜おぼえること

比例の式 $y = ax$ $(a \neq 0)$ a は比例定数

例　y は x に比例し，$x = 3$ のとき $y = -12$ である場合，比例定数を a とすると，$y = ax$ とおける。

$x = 3$，$y = -12$ を代入して，

$-12 = a \times 3$，$a = -4$

したがって，式は，$y = -4x$

このx，yのように，いろいろな値をとる文字を変数というよ。

比例のグラフ

▶原点を通る直線。

●$a > 0$
右上がりの直線

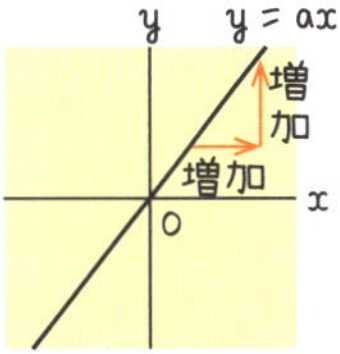

●$a < 0$
右下がりの直線

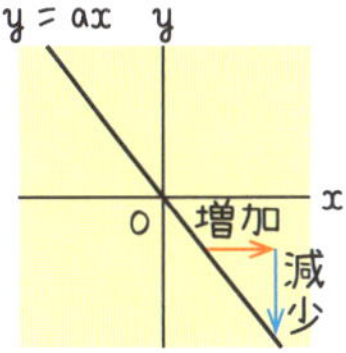

比例のグラフから式を求める方法

①グラフが通る点のうち，x 座標，y 座標がともに整数である点を見つける。

②$y = ax$ にこの点の x 座標，y 座標の値を代入して，a の値を求める。

★今夜のおさらい

y が x の関数で，式が $y = ax$ で表されるとき，
y は x に比例するといいます。

また，a を 比例定数 といいます。

比例の性質には，次の 2 つがあります。

① x の値が 2 倍，3 倍，…になると，y の値も 2 倍，3 倍，…になる。

② $x \neq 0$ のとき，商 $\dfrac{y}{x}$ の値は**一定**で，比例定数 a に等しい。

$y = ax$ のグラフは，原点を通る直線です。
グラフをかくには，原点と原点以外のもう 1 点を通る直線をひきます。

例　$y=3x$ のグラフのかき方
$x=1$ のとき $y=3$
したがって，原点と点 (1, 3) を通る直線をひく。

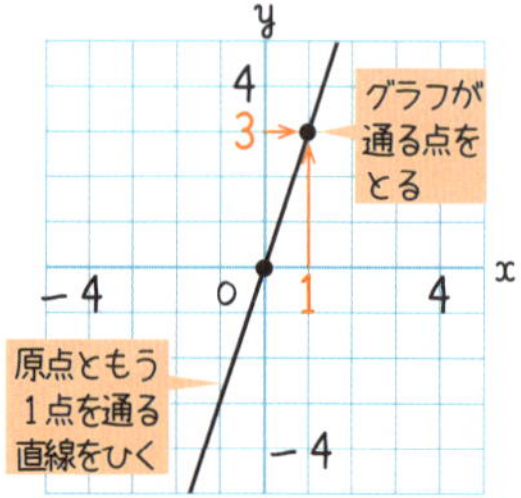

寝る前にもう一度

- 比例の式 $y=ax$ $(a \neq 0)$　a は比例定数
- 比例のグラフ▶原点を通る直線。

★今夜おぼえること

反比例の式 $y=\frac{a}{x}$ $(a \neq 0)$ aは比例定数

例　yはxに反比例し，$x=2$のとき$y=3$である場合，

比例定数をaとすると，$y=\frac{a}{x}$とおける。

$x=2$，$y=3$を代入して，

$3=\frac{a}{2}$，$a=6$

したがって，式は，$y=\frac{6}{x}$

反比例の式は，
$xy=a$
と表すこともできるよ。

数学

反比例のグラフ ▶ 双曲線

●$a>0$

ⅠとⅢの部分にある。

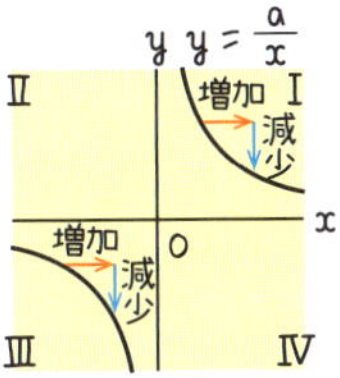

●$a<0$

ⅡとⅣの部分にある。

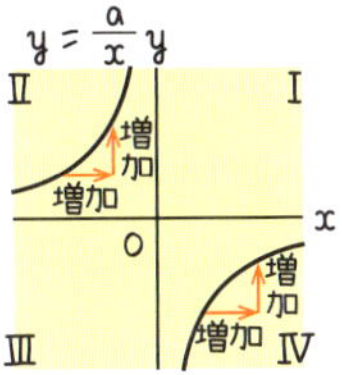

$y=\frac{a}{x}$のグラフのかき方

①対応するx，yの値の組を求める。

②それらの値の組を座標とする点をとる。

③とった点をなめらかな2つの曲線で結ぶ。

★今夜のおさらい

yがxの関数で，式が $y=\frac{a}{x}$ で表されるとき，yはxに反比例するといいます。

また，aを比例定数といいます。

反比例の性質には，次の2つがあります。

① xの値が2倍，3倍，…になると，yの値は $\frac{1}{2}$倍，$\frac{1}{3}$倍，…になる。

② 積xyの値は一定で，比例定数aに等しい。

$y=\frac{a}{x}$のグラフは，原点について対称な2つのなめらかな曲線（双曲線）になります。

このことから点$(p,\ q)$がグラフ上にあるとき，点$(-p,\ -q)$もグラフ上にあります。

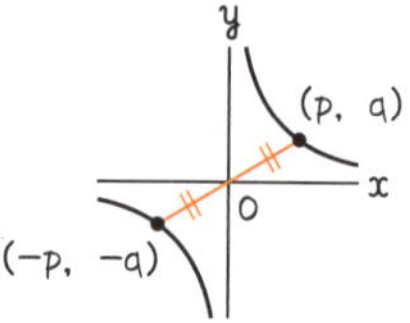

寝る前にもう一度

- 反比例の式 $y=\frac{a}{x}$ $(a \neq 0)$　aは比例定数
- 反比例のグラフ▶双曲線

★今夜おぼえること

円周の長さ▶ $\ell = 2\pi r$

円の面積▶ $S = \pi r^2$

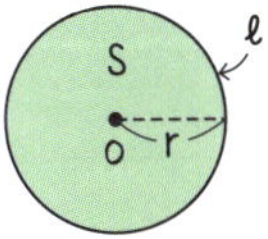

例　右の図の円周の長さは，

$2\pi \times 6 = 12\pi$ (cm)

面積は，$\pi \times 6^2 = 36\pi$ (cm^2)

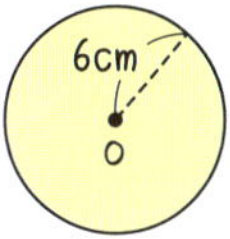

おうぎ形の弧の長さ▶ $\ell = 2\pi r \times \frac{a}{360}$

おうぎ形の面積▶ $S = \pi r^2 \times \frac{a}{360}$

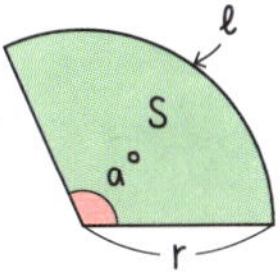

例　右の図のおうぎ形の弧の長さは，

$2\pi \times 8 \times \frac{225}{360} = 10\pi$ (cm)

面積は，$\pi \times 8^2 \times \frac{225}{360} = 40\pi$ (cm^2)

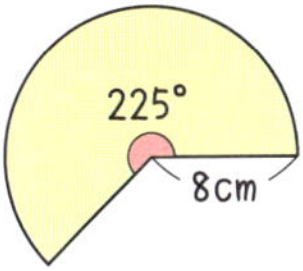

おうぎ形の面積は，
弧の長さと半径から
求めることもできるよ。

$S = \frac{1}{2}\ell r$

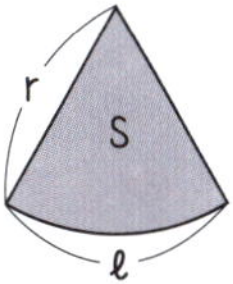

★今夜のおさらい

点Oを中心とする円を円Oといい，円の周のことを円周といいます。

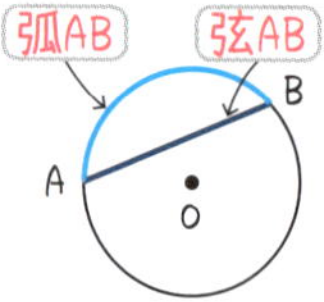

円周上の2点A，Bを結ぶ線分を弦ABといいます。円周のAからBまでの部分を弧ABといい，$\overset{\frown}{AB}$と表します。

前のページの公式と例を，しっかり確認しておこう。

円の弧の両端を通る2つの半径とその弧で囲まれた図形をおうぎ形といいます。

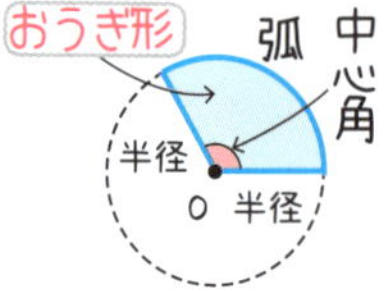

また，1つの円で，おうぎ形の弧の長さや面積は，中心角の大きさに比例します。

例　右のおうぎ形の中心角の大きさは，

$$360^\circ \times \frac{\text{弧の長さ}}{\text{円の円周}} = 360^\circ \times \frac{6\pi}{2\pi \times 9}$$

$$= 120^\circ$$

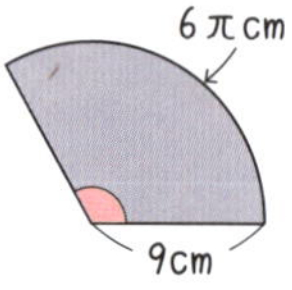

寝る前にもう一度

- 円周の長さ▶ $\ell = 2\pi r$，円の面積▶ $S = \pi r^2$
- おうぎ形の弧の長さ▶ $\ell = 2\pi r \times \frac{a}{360}$，面積▶ $S = \pi r^2 \times \frac{a}{360}$

10．空間図形：立体の表面積と体積　□ 月 日　□ 月 日

数学

★今夜おぼえること

角柱・円柱の表面積 ▶ 側面積＋底面積×2

角錐・円錐の表面積 ▶ 側面積＋底面積

例　右の図の三角柱で，

側面積は，$6 \times (3+4+5) = 72$ (cm²)

（6：高さ　$3+4+5$：底面の周の長さ）

底面積は，$\frac{1}{2} \times 3 \times 4 = 6$ (cm²)

表面積は，$72 + 6 \times 2 = 84$ (cm²)

（72：側面積　6：底面積）

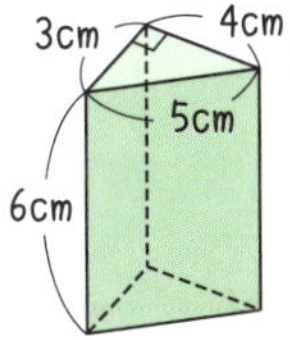

角柱や円柱の側面の展開図は長方形になるよ。

角柱・円柱の体積 ▶ $V = Sh$

角錐・円錐の体積 ▶ $V = \frac{1}{3}Sh$

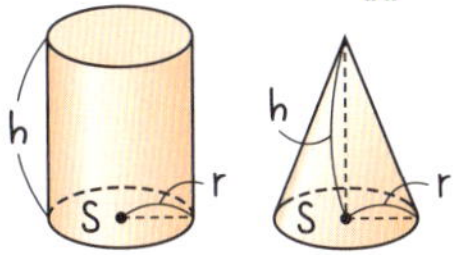

円柱の体積　$V = \pi r^2 h$

円錐の体積　$V = \frac{1}{3}\pi r^2 h$

例　右の図の円錐の体積は，

$\frac{1}{3}\pi \times 4^2 \times 9 = 48\pi$ (cm³)

（$\frac{1}{3}\pi \times 4^2$：底面積　9：高さ）

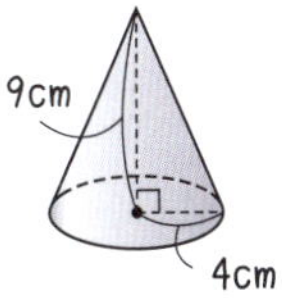

★今夜のおさらい

立体のすべての面の面積の和を**表面積**といいます。また，側面全体の面積を**側面積**，1つの底面の面積を**底面積**といいます。

円錐の側面積は展開図のおうぎ形の面積，底面積は展開図の円の面積です。

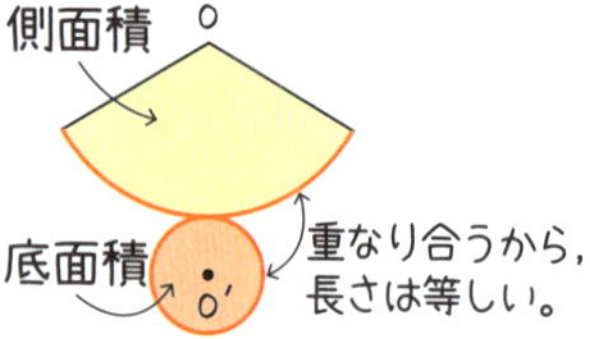

角錐や円錐の体積は，底面が合同で，高さが等しい角柱や円柱の体積の $\frac{1}{3}$ になります。

また，半径 r の球の表面積を S，体積を V とすると，

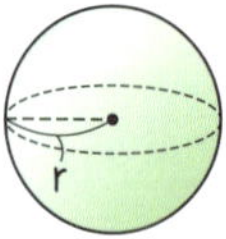

$$S = 4\pi r^2 \quad V = \frac{4}{3}\pi r^3$$

寝る前にもう一度

- 角柱・円柱の表面積▶側面積＋底面積×2
- 角錐・円錐の表面積▶側面積＋底面積
- 角柱・円柱の体積▶ $V = Sh$
- 角錐・円錐の体積▶ $V = \frac{1}{3}Sh$

11．資料の活用：相対度数と代表値

□ 月 日
□ 月 日

数学

★今夜おぼえること

相対度数＝$\dfrac{\text{その階級の度数}}{\text{度数の合計}}$

例　右の度数分布表で，10分以上15分未満の階級の相対度数は，

$\dfrac{8}{25}=0.32$

最も度数が少ない階級の相対度数は，$\dfrac{3}{25}=0.12$

また，各階級の相対度数の合計は1になる。

通学時間

階級（分）	度数（人）
以上　未満	
5 ～ 10	5
10 ～ 15	8
15 ～ 20	9
20 ～ 25	3
合　計	25

代表値▶平均値，中央値（メジアン），最《さい》頻《ひん》値《ち》（モード）

例　上の度数分布表で，平均値は，

$(7.5\times5+12.5\times8+17.5\times9+22.5\times3)\div25=14.5$（分）

中央値が入る階級は，10分以上15分未満の階級。

中央値は，13番目の生徒の通学時間だよ。

度数が最も多い階級は，15分以上20分未満の階級だから，最頻値は，$\dfrac{15+20}{2}=17.5$（分）

★今夜のおさらい

下のような表を**度数分布表**といいます。

階級…資料を整理するための区間。

階級の幅…区間の幅。(右の表では5分)

通学時間

階級(分)	度数(人)
以上　未満	
5 ～ 10	5
10 ～ 15	8
15 ～ 20	9
20 ～ 25	3
合　計	25

度数…階級に入る資料の個数。

階級値…階級のまん中の値。

各階級の度数の，度数の合計に対する割合を**相対度数**といいます。

度数分布表では$\text{平均値}=\dfrac{(\text{階級値}\times\text{度数})\text{の合計}}{\text{度数の合計}}$

で求められます。

資料の値を大きさ順に並べたときの中央の値を**中央値**といいます。資料の値の中で，最も多く出てくる値を**最頻値**といい，度数分布表では，度数が最も多い階級の**階級値**になります。

寝る前にもう一度

- $\text{相対度数}=\dfrac{\text{その階級の度数}}{\text{度数の合計}}$
- 代表値▶平均値，中央値（メジアン），最頻値（モード）

★今夜おぼえること

ピントを合わせるときは，近づけてから遠ざける。

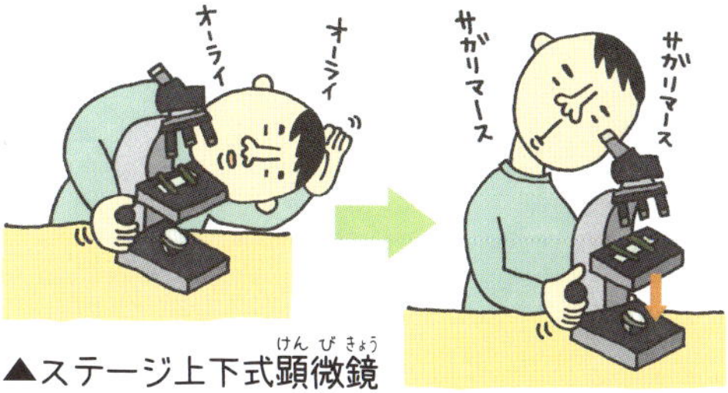

▲ステージ上下式顕微鏡《けんびきょう》

対物レンズとプレパラートがぶつからないようにね。

ミドリムシは緑色なのに動く。

▲ミドリムシ

水中の緑色の小さな生物のほとんどは動かないけど，ミドリムシは緑色なのに動くよ。

★今夜のおさらい

顕微鏡を使うときは水平なところに置き，レンズは接眼レンズ，対物レンズの順にとりつけます。顕微鏡のピントを合わせるときは，まず，横から見ながら対物レンズとプレパラートを近づけます。その後，接眼レンズをのぞいて，対物レンズとプレパラートを遠ざけながらピントを合わせます。

水中の小さな生物

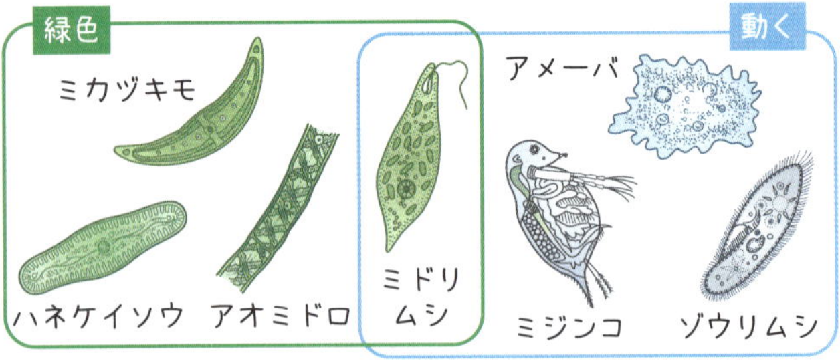

寝る前にもう一度

- ピントを合わせるときは，近づけてから遠ざける。
- ミドリムシは緑色なのに動く。

2. 生物：植物のからだのつくり①

□　月　日
□　月　日

★今夜おぼえること

アブラナは包まれ、マツははだか。

〈被子植物《ひししょくぶつ》〉

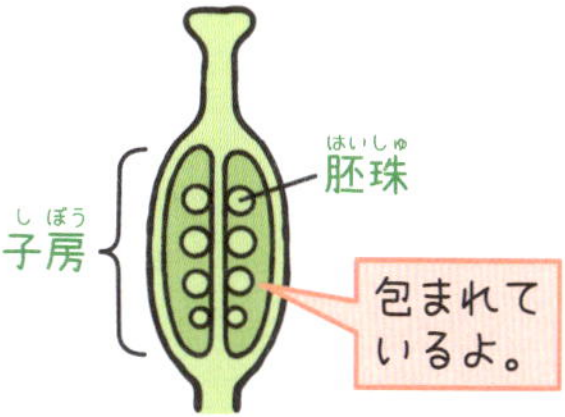
子房《しぼう》
胚珠《はいしゅ》
包まれているよ。

▲アブラナ

〈裸子植物《らししょくぶつ》〉

胚珠
はだかだよ。

▲マツ

葉脈《ようみゃく》は、単《たん》は平行、双《そう》は網目《あみめ》。

〈単子葉類《たんしようるい》〉

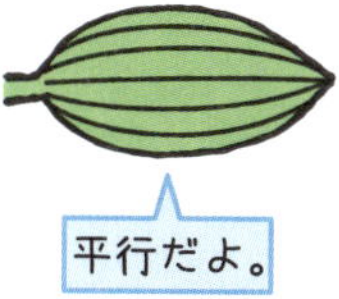
平行だよ。

〈双子葉類《そうしようるい》〉

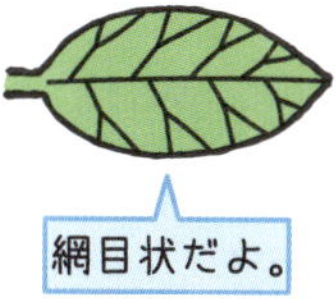
網目状だよ。

単子葉類の葉脈は平行，双子葉類の葉脈は網目状。

★今夜のおさらい

被子植物は，**胚珠**が**子房**に包まれていて，果実ができます。**裸子植物**は，子房がなく，**胚珠**がむき出しになっています。

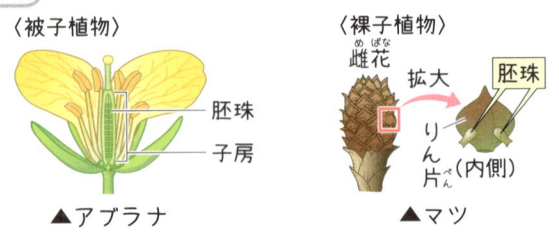

〈被子植物〉

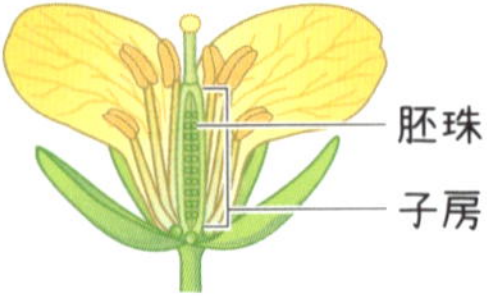

▲アブラナ

〈裸子植物〉

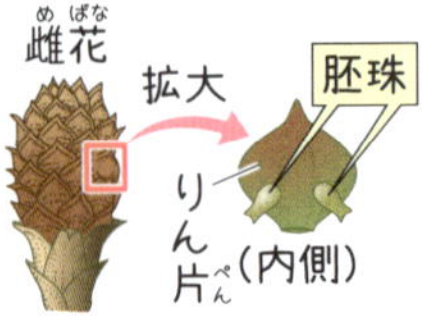

▲マツ

単子葉類と**双子葉類**には次のようなちがいがあります。

	単子葉類	双子葉類
葉脈	 平行	 網目状
茎《くき》の維管束《いかんそく》	 ばらばら	 輪状
根	 ひげ根	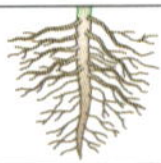 主根《しゅこん》・側根《そっこん》

寝る前にもう一度

- アブラナは包まれ，マツははだか。
- 葉脈は，単は平行，双は網目。

3．生物：植物のからだのつくり②　□ 月 日 □ 月 日

★今夜おぼえること

★★ ゴロ合わせ うちの水道管

▲茎《くき》の断面（双子葉類）

☾ 気孔《きこう》は気体の出入り口。

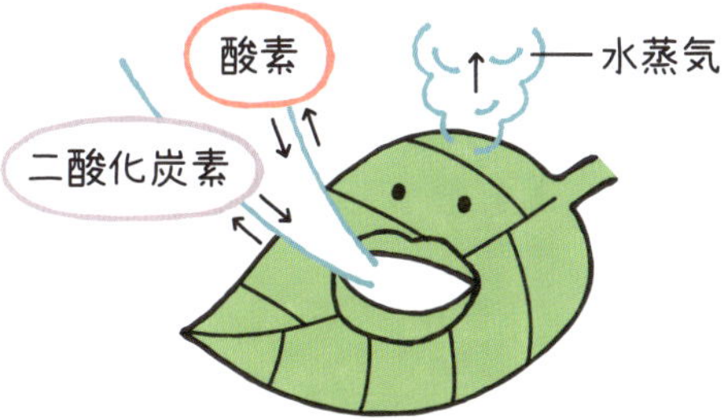

★今夜のおさらい

植物のからだには、根から吸収した水や水にとけた養分（肥料分）を運ぶ道管と、葉でできた栄養分を運ぶ師管があり、道管と師管が集まって束《たば》になった部分を維管束といいます。

〈茎の断面〉

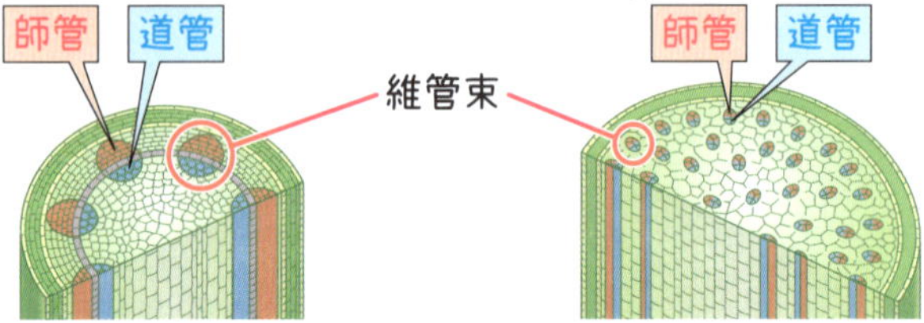

▲ホウセンカ　▲トウモロコシ

葉の表皮にある孔辺細胞《こうへんさいぼう》に囲まれたすきまを気孔といい、酸素や二酸化炭素の出入り口、水蒸気の出口になっています。気孔は葉の裏側に多くあります。

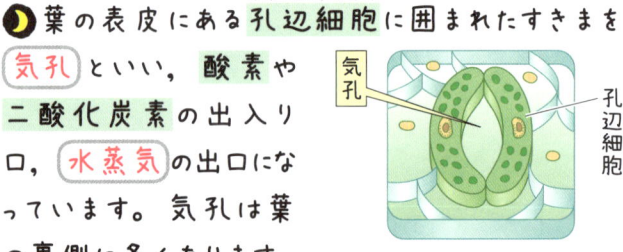

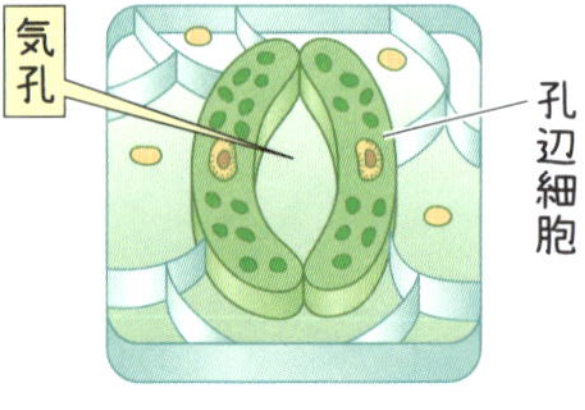

寝る前にもう一度

- うちの水道管
- 気孔は気体の出入り口。

★今夜おぼえること

ゴロ合わせ 水着の兄さん光を浴《あ》びて

(水)　(二酸化炭素)(光)

デートでサングラス

(デンプン)　(酸素)

光合成《こうごうせい》：水＋二酸化炭素 ―光→ デンプン＋酸素

葉緑体《ようりょくたい》はデンプン工場。

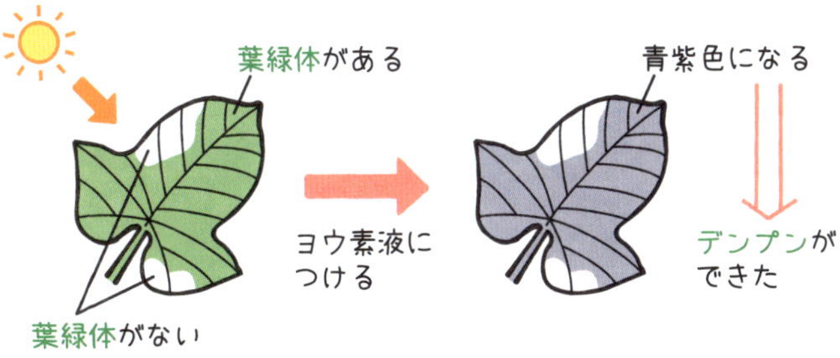

★今夜のおさらい

植物は，水と二酸化炭素を原料に，光のエネルギーを使って，デンプンなどの栄養分をつくります。このはたらきを光合成といいます。このとき，デンプンのほかに，酸素もできます。

光を受けてデンプンをつくるのは，細胞《さいぼう》の中にある緑色をした葉緑体です。

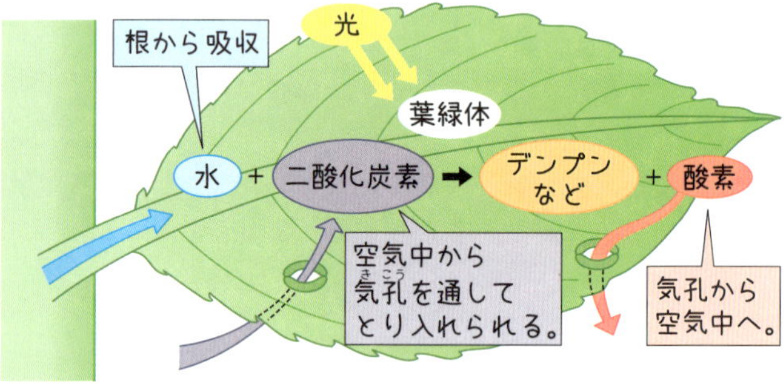

寝る前にもう一度

水着の兄さん光を浴びてデートでサングラス

葉緑体はデンプン工場。

★今夜おぼえること

呼吸は酸素→二酸化炭素

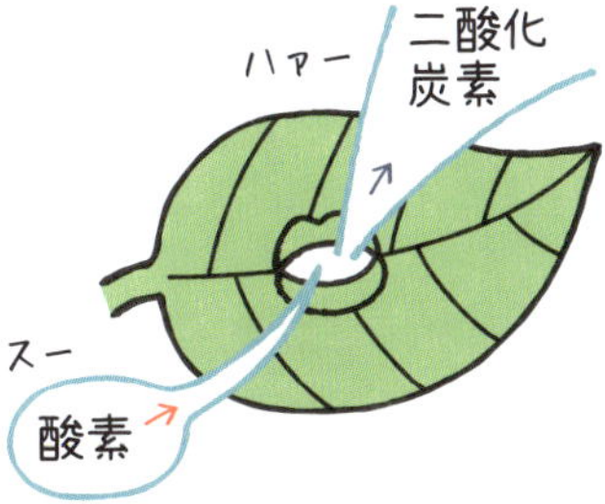

呼吸では酸素をとり入れて二酸化炭素を出すよ。

気体の出入りは気孔《きこう》でされるんだったね。

昼は酸素を多く出す。

昼は光合成《こうごうせい》と呼吸の両方をしているよ。

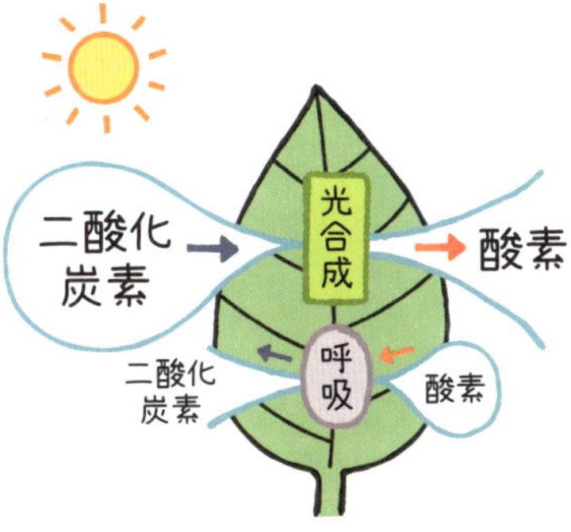

★今夜のおさらい

酸素を使ってデンプン（栄養分）を分解し，二酸化炭素と水を出すはたらきを呼吸といいます。

植物は，昼は光合成も呼吸もしていますが，光が十分に当たっているときは，光合成による気体の出入りのほうが多いので，全体としては酸素を多く出しています。夜は呼吸だけをしているので，二酸化炭素を出しています。

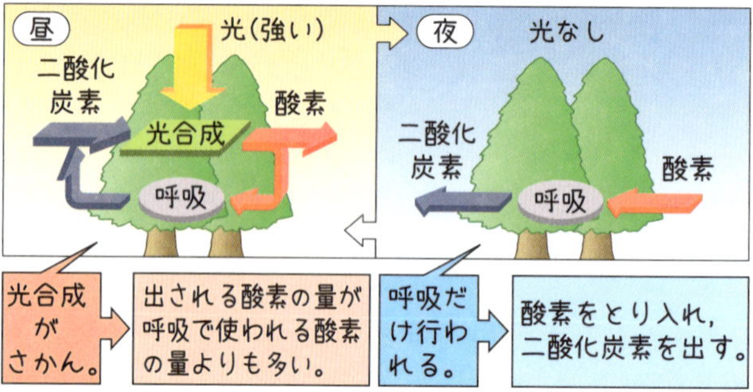

光合成がさかん。→ 出される酸素の量が呼吸で使われる酸素の量よりも多い。

呼吸だけ行われる。→ 酸素をとり入れ，二酸化炭素を出す。

寝る前にもう一度

- 呼吸は酸素→二酸化炭素
- 昼は酸素を多く出す。

□　月　日
□　月　日

★ 今夜おぼえること

シダとコケは胞《ほう》子《し》でふえる。

〈シダ植物〉

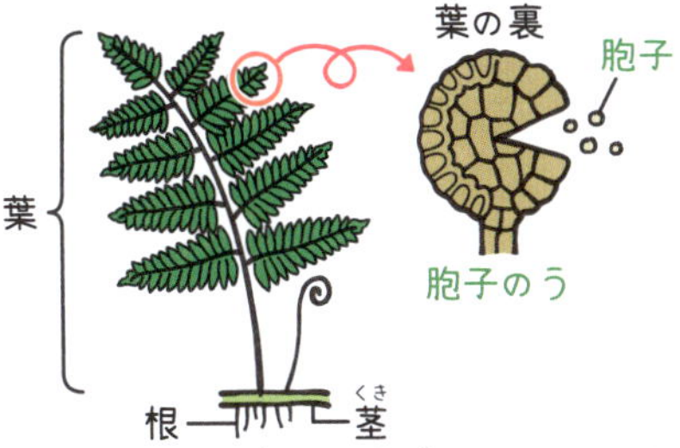

▲イヌワラビ

〈コケ植物〉

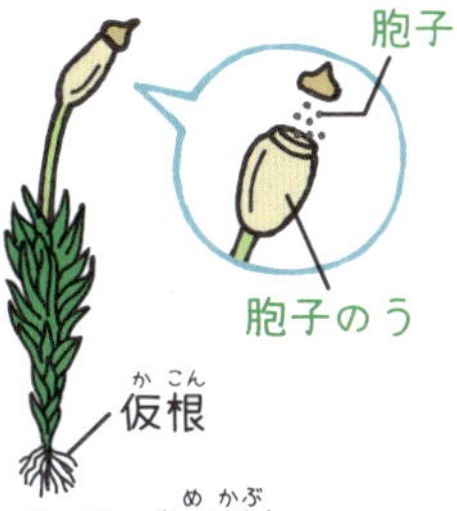

▲スギゴケ（雌《め》株《かぶ》）

ゴロ合わせ　ラッシュでまっすぐ

ラッシュ（裸子植物）で　まっすぐ（マツ・スギ）

早（双子葉類）　朝（アサガオ）　担（単子葉類）　当（トウモロコシ）

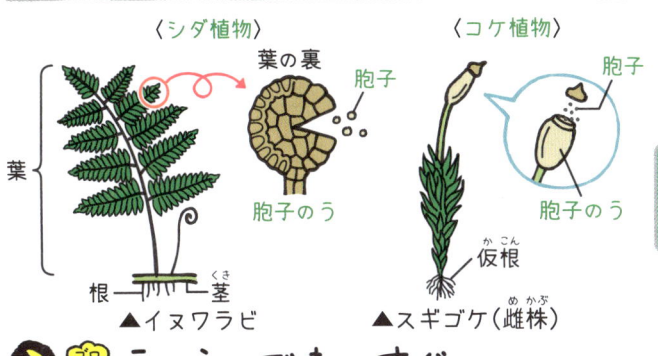

★今夜のおさらい

シダ植物やコケ植物は，種子をつくらず胞子でふえます。どちらも葉緑体《ようりょくたい》があり，光合成《こうごうせい》をします。シダ植物は根・茎・葉の区別がありますが，コケ植物には根・茎・葉の区別はありません。コケ植物は，からだの表面全体から水を吸収し，仮根はからだを地面に固定する役目をしています。

植物の分類

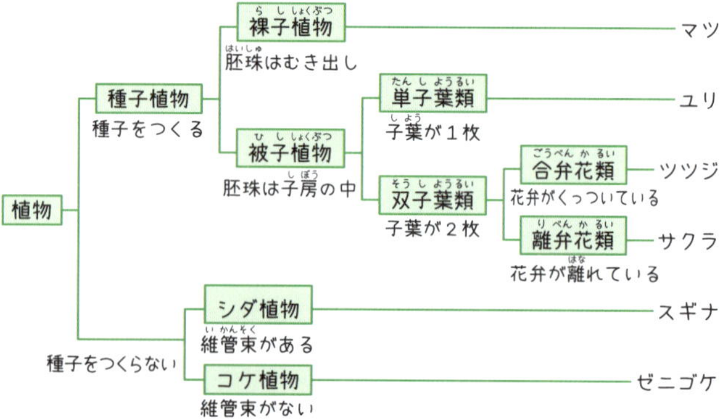

寝る前にもう一度

- シダとコケは胞子でふえる。
- ラッシュでまっすぐ早朝担当

★今夜おぼえること

こげるのは有機物《ゆうきぶつ》。

電気を通すのは金属。

有機物 炭素をふくむ物質。燃やすと黒くこげて炭になり，二酸化炭素と水を発生。

砂糖，デンプン，バター，木，紙，
ろう，エタノール，プラスチック　など

無機物《むきぶつ》 有機物以外の物質。

食塩，水，ガラス，炭素，二酸化炭素，
水素，酸素　など

炭素をふくんでいるけれど無機物だよ。

金属 金属特有の性質がある。
鉄，アルミニウム，銅，金，銀，マグネシウム　など

金属以外の物質はすべて非金属

密度《みつど》は，し・み・た

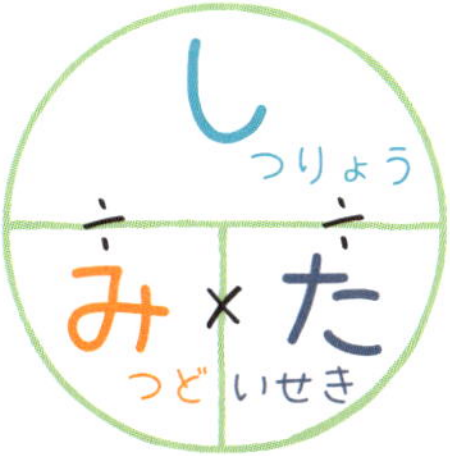

求めたいものを
指でかくそう

★今夜のおさらい

✪有機物は加熱すると黒くこげて炭ができ，二酸化炭素と水を発生します。また，金属には次のような特有の性質があります。

金属の性質	
金属の性質	・金属光沢《こうたく》がある。 ・電気をよく通す。 ・熱をよく伝える。 ・たたくとうすく広がり，引っぱるとのびる。

注意！「磁石につく」のは鉄の性質。
金属の性質ではないよ。

☽物質 1 cm^3 あたりの質量を密度といい，次の公式で求めることができます。

$$密度〔g/cm^3〕=\frac{質量〔g〕}{体積〔cm^3〕}$$

例　質量22g，体積 2 cm^3 の物質の密度は？

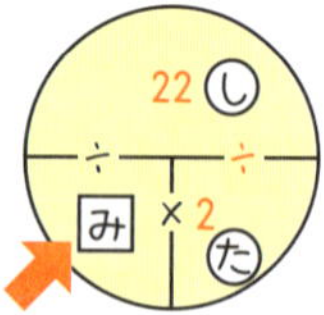

$$\frac{22〔g〕}{2〔cm^3〕}=11〔g/cm^3〕$$

寝る前にもう一度

✪こげるのは有機物。電気を通すのは金属。

☽密度は，し・み・た

★今夜おぼえること

固⇔液⇔気で，質量は同じ，体積は変化。

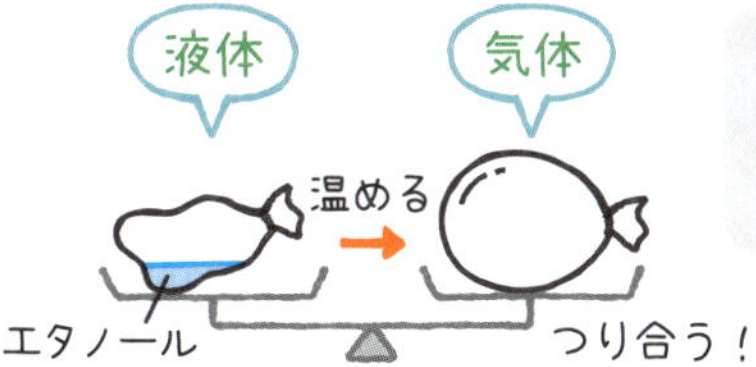

液体→気体のとき，質量は変わらないけど，体積は大きくなるよ。

理科

融点《ゆうてん》ではとける，沸点《ふってん》では沸騰《ふっとう》する。

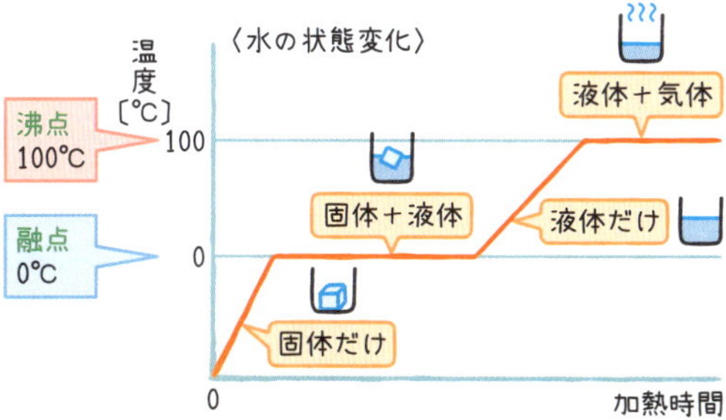

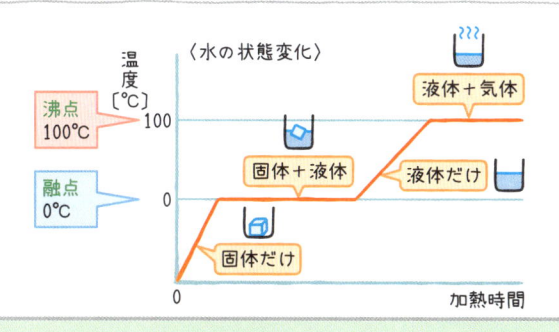

★今夜のおさらい

物質が固体⇔液体⇔気体とすがたを変えることを状態変化といいます。状態変化では，質量は変化しませんが，体積は変化します。ふつう，固体→液体→気体の順に体積は大きくなりますが，水の場合は例外で，固体→液体（氷→水）のときに，体積は小さくなります。

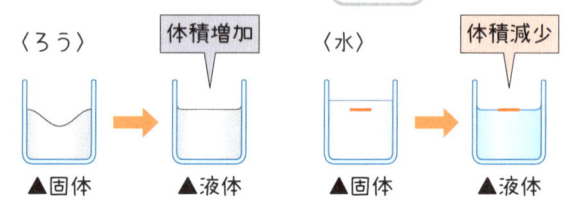

〈ろう〉　〈水〉

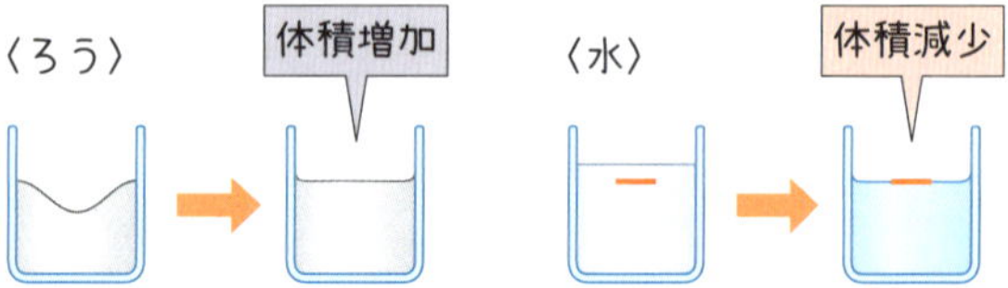

▲固体　▲液体　▲固体　▲液体

固体がとけて液体になる温度を融点，液体が沸騰して気体になる温度を沸点といいます。純粋《じゅんすい》な物質では，融点と沸点は，物質によって決まっていて，水の場合，融点は0℃，沸点は100℃です。

寝る前にもう一度

- 固⇔液⇔気で，質量は同じ，体積は変化。
- 融点ではとける，沸点では沸騰する。

9. 化学：物質の状態変化②

□　月　日
□　月　日

★今夜おぼえること

蒸留《じょうりゅう》は

液体→気体→また液体

〈水とエタノールの混合物の蒸留〉

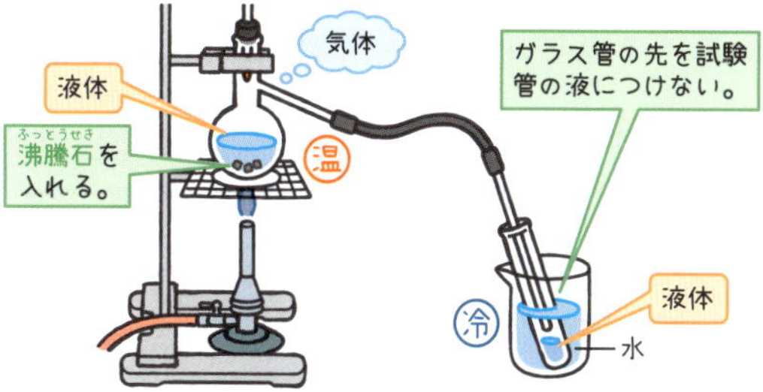
液体
沸騰石《ふっとうせき》を
入れる。
温
気体
ガラス管の先を試験
管の液につけない。
冷
液体
水

下のガス→上の空気

〈火をつけるとき〉

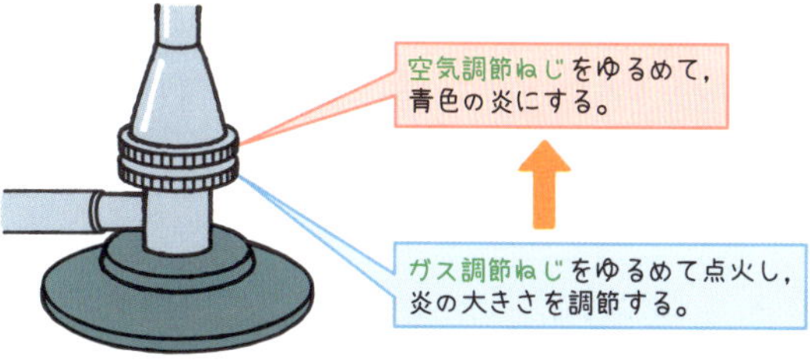
空気調節ねじをゆるめて，
青色の炎にする。
ガス調節ねじをゆるめて点火し，
炎の大きさを調節する。

▲ガスバーナー

★今夜のおさらい

沸点《ふってん》の差を利用して，**蒸留**によって，液体の混合物を分けることができます。

〈水とエタノールの混合物の蒸留〉

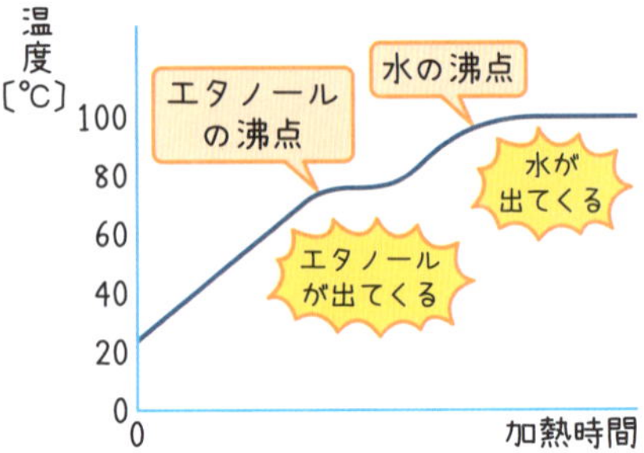

ガスバーナーの火のつけ方

①上下のねじがしまっているかどうかを確かめてから，元栓《もとせん》を開く。

②マッチなどの点火装置に火をつけ，**ガス**調節ねじをゆるめて点火する。

③**ガス**調節ねじで炎《ほのお》の**大きさ**を調節する。

④**空気**調節ねじで**青色**の炎にする。

寝る前にもう一度

- 蒸留は液体→気体→また液体
- 下のガス→上の空気

★今夜おぼえること

ゴロ合わせ　マンガ家　母さん　散歩

（二酸化マンガン）（過酸化水素水）（酸素）

二酸化マンガンにうすい過酸化水素水を加えると酸素が発生するよ。

石灰石《せっかいせき》に塩酸で二酸化炭素

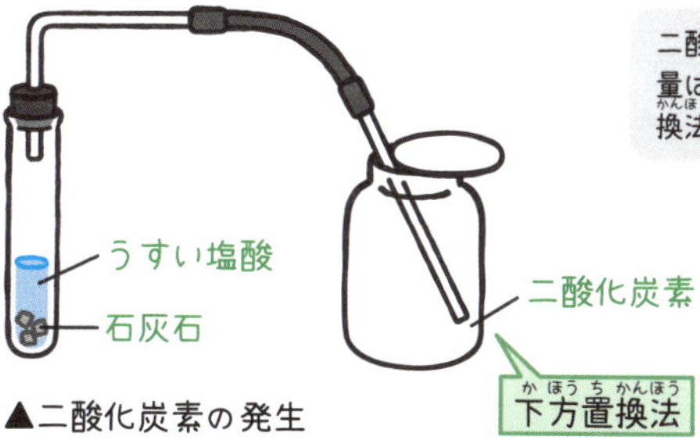

▲二酸化炭素の発生

二酸化炭素が水にとける量は少しなので，水上置《すいじょうち》換法《かんほう》でも集められるよ。

★今夜のおさらい

二酸化マンガンにうすい過酸化水素水（オキシドール）を加えると酸素が発生します。酸素は，無色でにおいがなく，空気より少し密《みつ》度《ど》が大きい（重い），水にとけにくいなどの性質があり，ものを燃やすはたらきがあります。

▲酸素の発生

石灰石にうすい塩酸を加えると二酸化炭素が発生します。二酸化炭素は，無色でにおいがなく，空気より密度が大きい，水に少しとけ，水《すい》溶《よう》液《えき》は酸性を示すなどの性質があり，石《せっ》灰《かい》水《すい》に通すと石灰水が白くにごります。

寝る前にもう一度

- マンガ家母さん散歩
- 石灰石に塩酸で二酸化炭素

★今夜おぼえること

アンモニアは水にとけると アルカリ性。

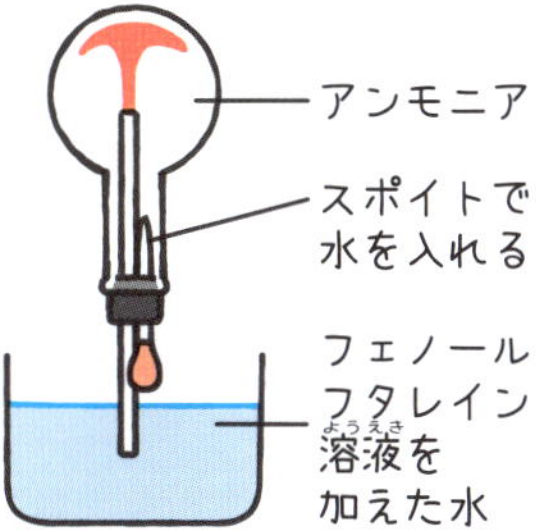

▲アンモニアの噴水実験

スポイトからフラスコに水を入れると，アンモニアが水にとけてフラスコ内の圧力が下がり，水《すい》槽《そう》の水が吸い上げられる。フェノールフタレインはアンモニア（アルカリ性）と反応して赤色になるので，赤色の噴水《ふんすい》ができる。

軽さは水素がNo. 1！

理科

今夜のおさらい

塩化アンモニウムと水酸化カルシウムの混合物を加熱するとアンモニアが発生します。アンモニアは，無色で刺激臭《しげきしゅう》があります。水に非常によくとけ，空気より密度《みつど》が小さい（軽い）ので，上方置換法《じょうほうちかんほう》で集めます。また，水溶液はアルカリ性を示します。

亜鉛《あえん》や鉄などの金属にうすい塩酸を加えると水素が発生します。水素は，無色でにおいがなく，物質中で最も密度が小さい，水にとけにくいなどの性質があります。火を近づけるとポッと音を立てて燃え，水ができます。

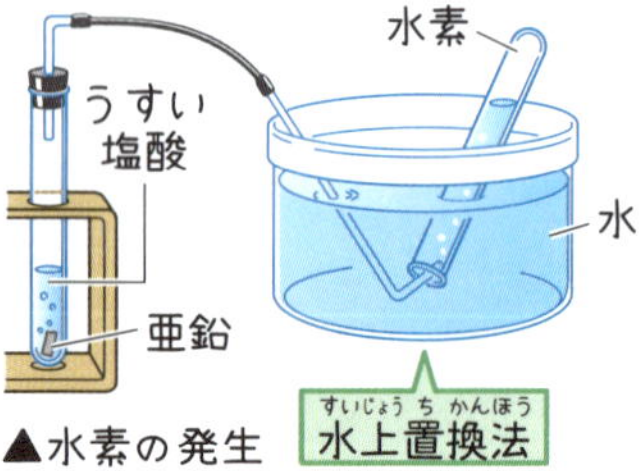

▲水素の発生

寝る前にもう一度

- アンモニアは水にとけるとアルカリ性。
- 軽さは水素がNo. 1！

★今夜おぼえること

酸素と水素は水上《すいじょう》置《ち》換《かん》

水上置換法

酸素，水素，
二酸化炭素

下方《かほう》置換法

二酸化炭素

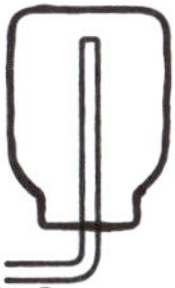

上方《じょうほう》置換法

アンモニア

二酸化炭素が水にとける量は少しなので，
水上置換法でも集められます。

溶質《ようしつ》＋溶媒《ようばい》＝溶液《ようえき》

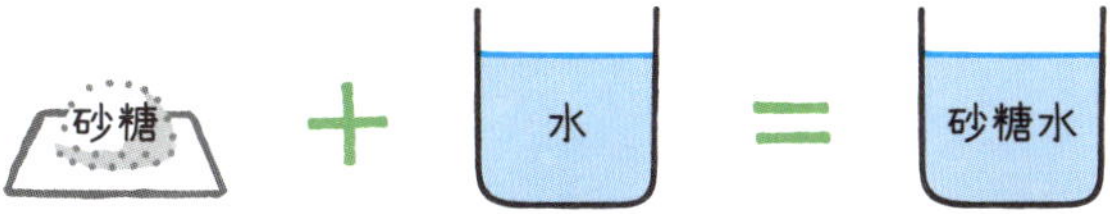

溶質

とかす物質

溶媒

とかす液体

溶液

溶媒が水のときは
水溶液

★今夜のおさらい

気体の集め方

- 水上置換法…水にとけにくい気体を集めます。
- 下方置換法…水にとけやすく，空気よりも密度《みつど》が大きい（重い）気体を集めます。
- 上方置換法…水にとけやすく，空気よりも密度が小さい（軽い）気体を集めます。

溶質が溶媒にとけたものを溶液といいます。溶媒が水の水溶液は透明《とうめい》で，濃《こ》さはどの部分も同じです。

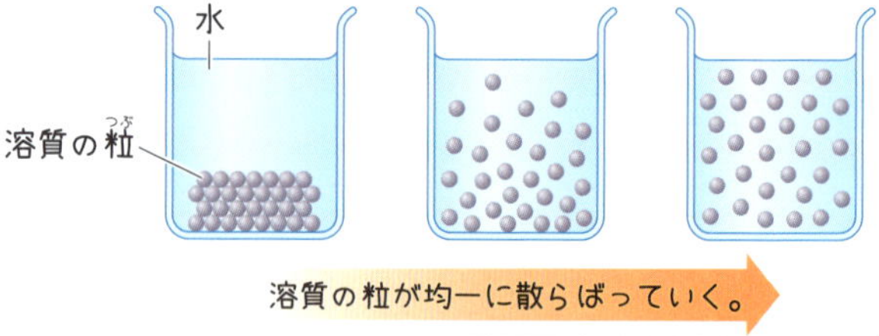
水
溶質の粒《つぶ》
溶質の粒が均一に散らばっていく。

▲溶質がとけるようす

時間がたっても
濃さは変わらないよ。

寝る前にもう一度

- 酸素と水素は水上置換
- 溶質＋溶媒＝溶液

★今夜おぼえること

溶解度《ようかいど》＝溶ける限度量

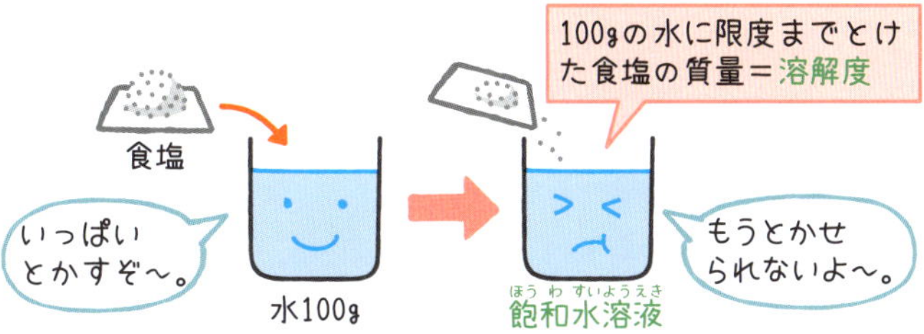

再結晶《さいけっしょう》は，冷やすか，
蒸発させるか。

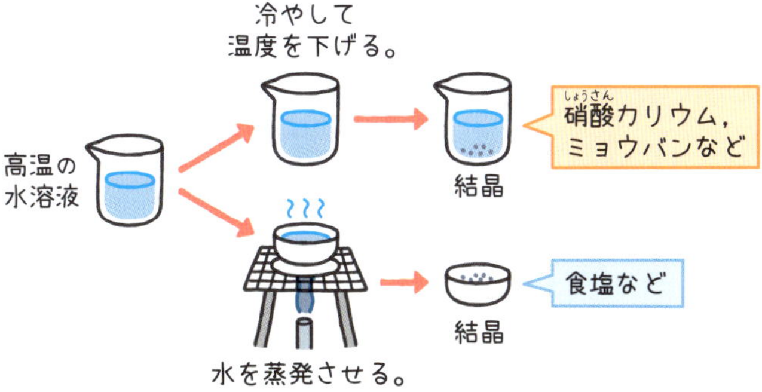

★今夜のおさらい

溶質《ようしつ》が水100gにとける限度の質量を**溶解度**といい，溶質が溶解度までとけている水溶液を**飽和水溶液**といいます。多くの固体は，とかす水の温度が高くなるほど溶解度が大きくなります。

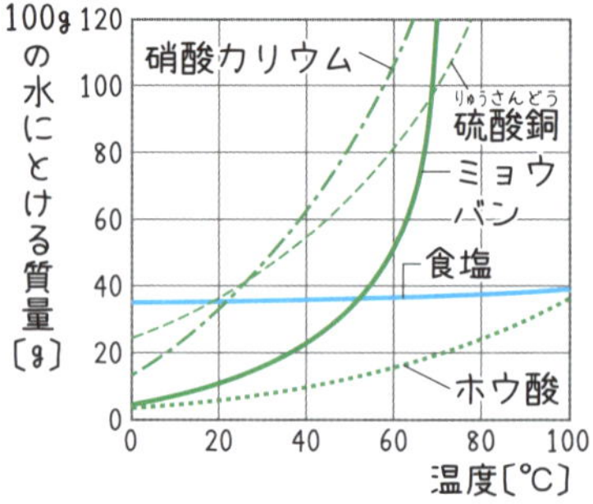

▲いろいろな物質の溶解度

物質がとけている水溶液から，再び結晶としてとり出すことを**再結晶**といいます。温度による溶解度の差が大きい物質は，水溶液を**冷やし**，食塩のように，温度による溶解度の差が小さい物質は，水溶液の水を**蒸発**させてとり出します。

寝る前にもう一度

- 溶解度＝溶ける限度量
- 再結晶は，冷やすか，蒸発させるか。

★今夜おぼえること

空気中の角度が大

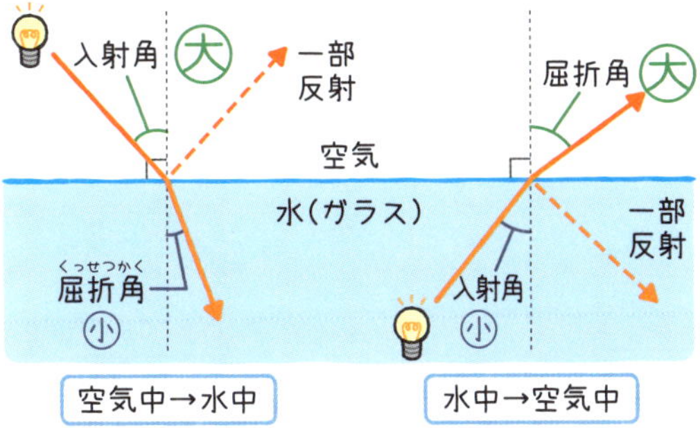

実像は逆向き、虚像《きょぞう》は大きく同じ向き。

（逆向き→上下左右）

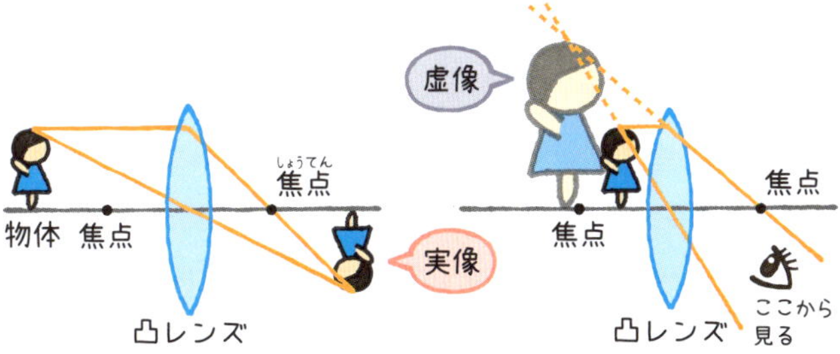

★今夜のおさらい

光は，空気中から水中にななめに進むとき，入射角 > 屈折角となるように屈折し，水中から空気中にななめに進むとき，入射角 < 屈折角となるように屈折します。

また，光が物体の表面で反射するとき，入射角 = 反射角となります。

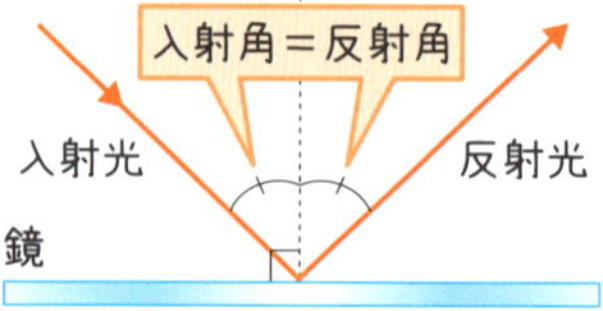

凸レンズの軸に平行な光をあてたとき光が集まる点を焦点といいます。焦点より内側（凸レンズ側）に物体を置くと凸レンズを通して虚像が見え，外側に置くとスクリーンに実像がうつります。

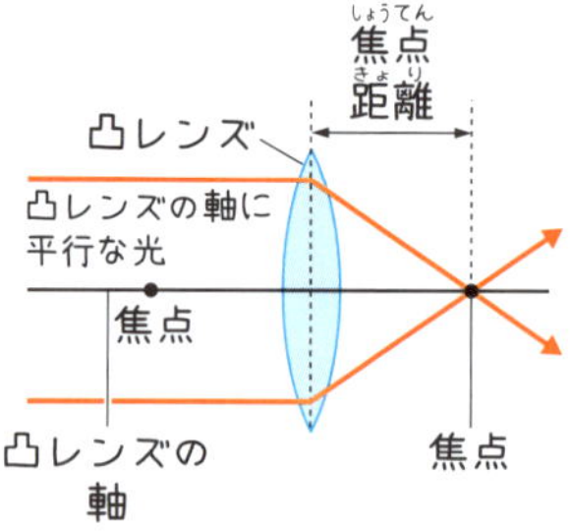

寝る前にもう一度

- 空気中の角度が大
- 実像は逆向き，虚像は大きく同じ向き。

15. 物理：音・力

□ 月 日
□ 月 日

★今夜おぼえること

大きさ振幅《しんぷく》，高さ振動数《しんどうすう》

→振動のふれ幅

→1秒間に振動する回数

〈音の大小・高低と波の形〉

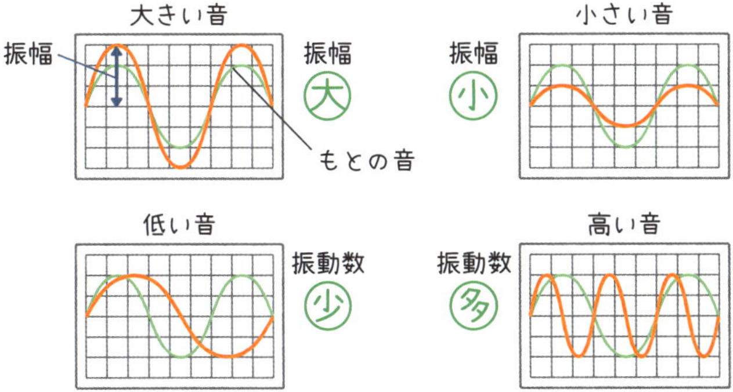

力2倍→ばねも2倍

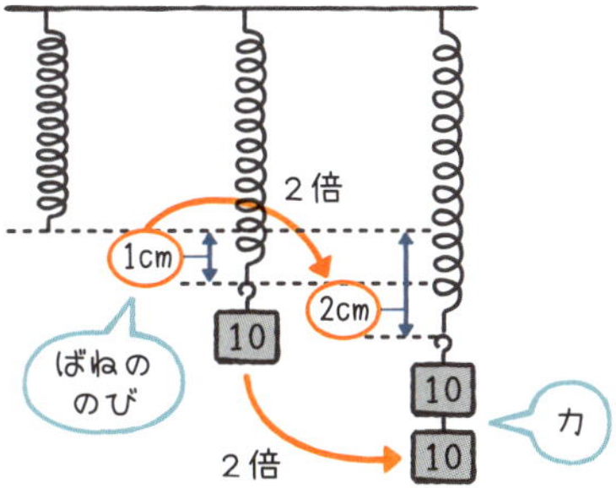

力が2倍になるとばねののびも2倍になるよ。

★今夜のおさらい

音の大きさは振幅で決まり，音の高さは振動数で決まります。振幅が大きいほど音は大きく，振動数が多いほど音は高くなります。

また，弦《げん》をはじいて，高い音を出すには，次のような方法があります。

①弦を短くする。

②弦を細くする。

③弦を強く張る。

ばねののびは，ばねに加えた力の大きさに比例します。これをフックの法則といいます。

例　右図のような特徴をもつばねで，ばねののびが 8 cm のとき，ばねに加えた力の大きさは何N？

答 0.8 N

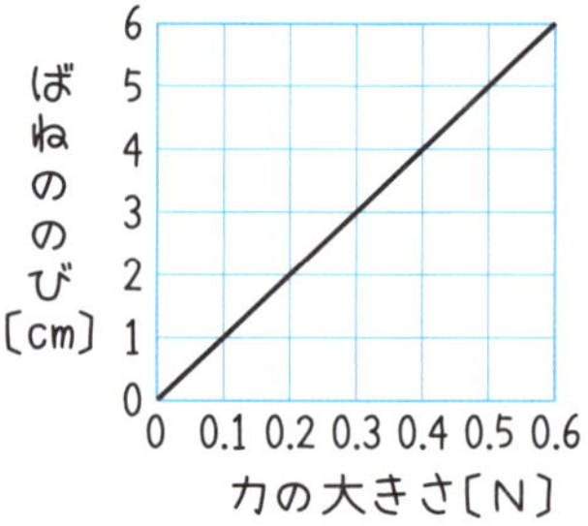

寝る前にもう一度

- 大きさ振幅，高さ振動数
- 力 2 倍→ばねも 2 倍

□ 月 日
□ 月 日

★今夜おぼえること

圧力は，面の上に力。

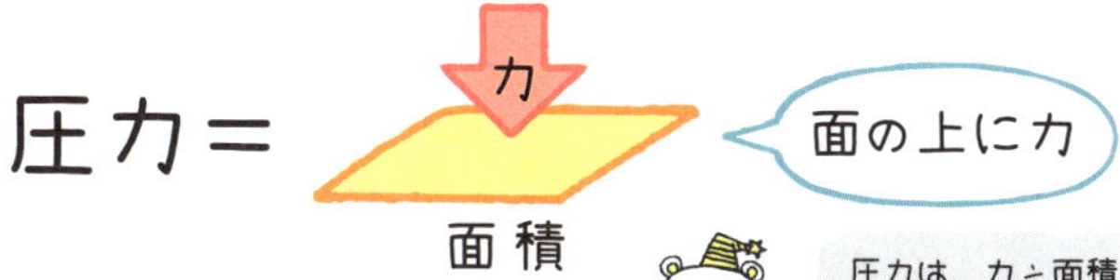

圧力＝
力
面積
面の上に力

圧力は，力÷面積で求められるよ。

浮力《ふりょく》は重さの差。

空気中での重さ － 水中での重さ ＝ 浮力

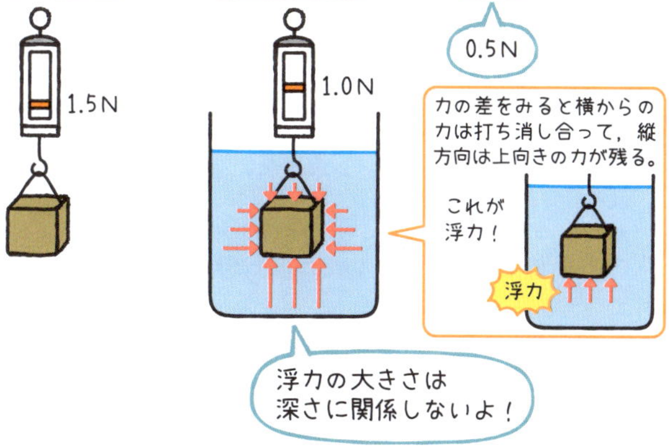

0.5N
1.5N
1.0N
力の差をみると横からの力は打ち消し合って，縦方向は上向きの力が残る。
これが浮力！
浮力

浮力の大きさは深さに関係しないよ！

★今夜のおさらい

一定の面積あたりの面を垂直におす力を**圧力**といいます。$1\,m^2$あたりの圧力は**パスカル（Pa）**で表されます。

$$\text{圧力〔Pa〕} = \frac{\text{面を垂直におす力〔N〕}}{\text{力がはたらく面積〔}m^2\text{〕}}$$

〔N/m^2〕

例　重さ10Nの物体が，底面積$0.2m^2$の床に加える圧力は何Pa？

$$\frac{10\,\text{〔N〕}}{0.2\,\text{〔}m^2\text{〕}} = 50\,\text{〔Pa〕}$$

水の重さによって生じる圧力を**水圧**といい，水の深さが**深い**ほど大きくなります。水中にある物体の下面にはたらく水圧は，上面にはたらく水圧よりも大きくなるため，その水圧の差によって**浮力**が生じます。浮力は水中にある物体の**体積**が大きいほど大きくなります。

水圧は深さに関係し，
浮力は体積に関係するんだね。

寝る前にもう一度

- 圧力は，面の上に力。
- 浮力は重さの差。

★今夜おぼえること

強いねばりけはもり上がる。

火山の形

マグマのねばりけ	弱い	⟷	強い
噴出物《ふんしゅつぶつ》の色	黒っぽい	⟷	白っぽい
噴《ふん》火《か》のようす	おだやか	⟷	激《はげ》しい

ゴロ合わせ

夕食は苦労を隠した

（有色鉱物）（クロウンモ）（カクセン石）

奇跡の缶詰

（キ石）（カンラン石）

★今夜のおさらい

火山の形は、マグマのねばりけによって変わります。また、噴出物の色や噴火のようすも変わります。

- ねばりけが弱い…傾斜《けいしゃ》がゆるやかな形の火山。噴出物の色は黒っぽく、おだやかな噴火をします。（キラウエアなど）
- ねばりけが中間…円すい形の火山。（富士山《ふじさん》、桜島《さくらじま》など）
- ねばりけが強い…もり上がった形の火山。噴出物の色は白っぽく、激しい噴火をします。（雲仙普賢岳《うんぜんふげんだけ》など）

鉱物《こうぶつ》には、おもに次のようなものがあります。

- 無色（白色）鉱物…白っぽい色の鉱物
  ⇨セキエイ、チョウ石。
- 有色鉱物…黒っぽい色の鉱物⇨クロウンモ、カクセン石、キ石、カンラン石など。

寝る前にもう一度

- 強いねばりけはもり上がる。
- 夕食は苦労を隠した奇跡の缶詰

□ 月 日
□ 月 日

★今夜おぼえること

火山は斑状《はんじょう》，深成《しんせい》は等粒状《とうりゅうじょう》。

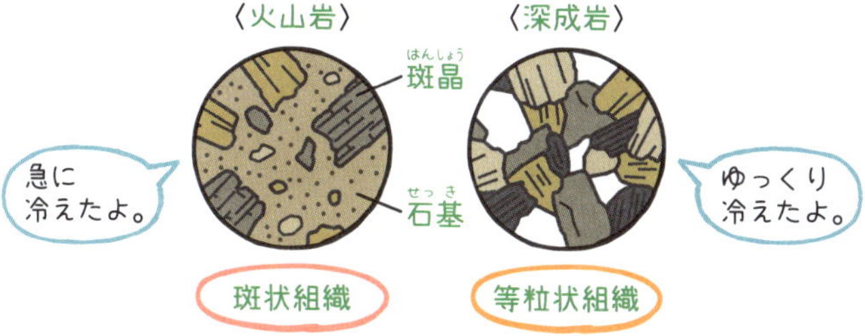

ゴロ合わせ

新幹線は
（深成岩）（花こう岩）（せん緑岩）（斑れい岩）

刈り上げ
（火山岩）（流紋岩）（安山岩）（玄武岩）

理科

今夜のおさらい

マグマが冷えて固まってできた岩石を火成岩《かせいがん》といいます。火成岩は，マグマの冷え方によって次の2つに分けられます。

- 火山岩…マグマが地表や地表付近で急に冷え固まってでき，石基《せっき》と斑晶《はんしょう》からなる斑状組織になっています。
- 深成岩…マグマが地下深くでゆっくり冷え固まってでき，大きな結晶《けっしょう》が組み合わさった等粒状組織になっています。

火成岩の分類

岩石の色		白っぽい ←→	（灰色）	←→ 黒っぽい
鉱物《こうぶつ》の割合		(多)無色鉱物 ←→		←→ 有色鉱物(多)
岩石の例	深成岩	花《か》こう岩《がん》	せん緑岩《りょくがん》	斑《はん》れい岩《がん》
岩石の例	火山岩	流紋岩《りゅうもんがん》	安山岩《あんざんがん》	玄武岩《げんぶ がん》

寝る前にもう一度

- 火山は斑状，深成は等粒状。
- 新幹線は刈り上げ

19. 地学：地震

□ 月 日
□ 月 日

★今夜おぼえること

ゆれの大きさは震度《しんど》，規模はマグニチュード。

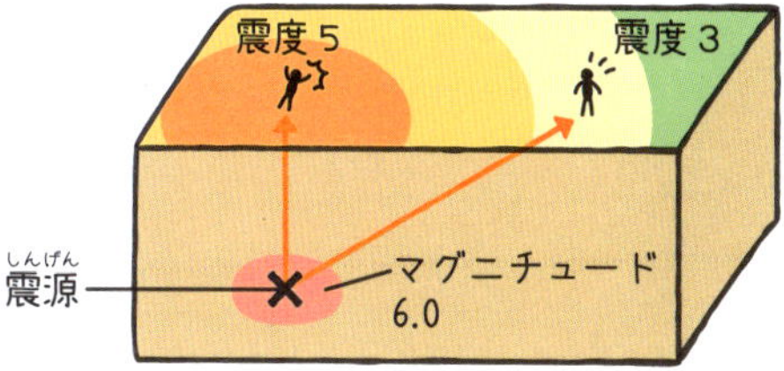

P波は速い，S波はゆっくり。

P波が到着すると初期《しょき》微動《びどう》が始まり，S波が到着すると主要動《しゅようどう》が始まるよ。

★今夜のおさらい

震度はゆれの大きさを表し，一般的に震源からの距離《きょり》が近いほど大きくなります。一方，マグニチュード(M)は地《じ》震《しん》の規模を表すので，1つの地震に対して1つの値《あたい》をとります。

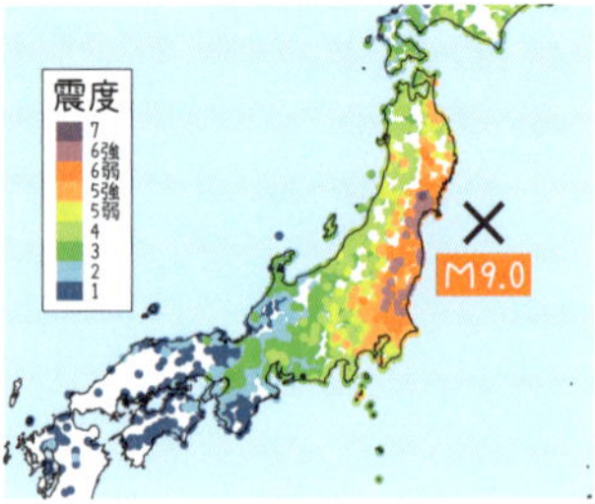

初期微動はP波によって起こり，主要動はS波によって起こります。P波はS波よりも速いので，P波が到着してからS波が到着するまでの時間から，震源までのだいたいの距離がわかります。

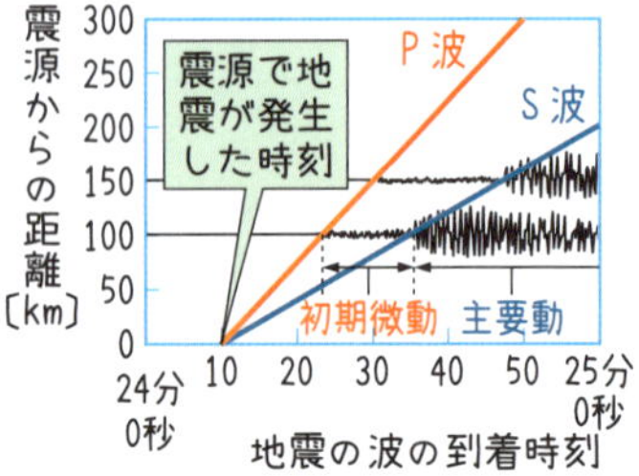

寝る前にもう一度

- ゆれの大きさは震度，規模はマグニチュード。
- P波は速い，S波はゆっくり。

★今夜おぼえること

ずれは断層《だんそう》，波はしゅう曲《きょく》。

〈断層〉

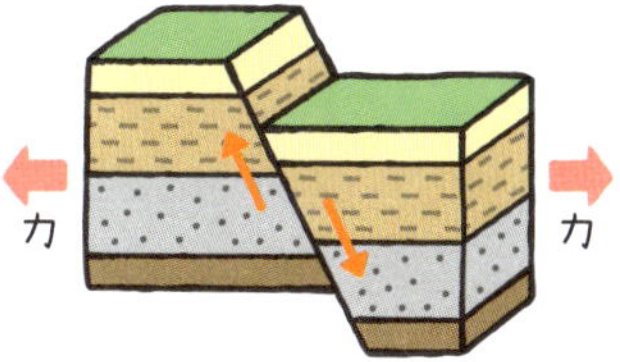

〈しゅう曲〉

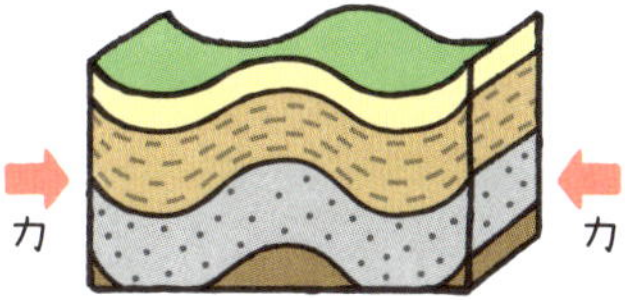

プレートの境目で大地震《じしん》。

★今夜のおさらい

地層に力がはたらいて，地層が切れてずれることによってできたくいちがいを**断層**，地層がおし曲げられ波うったものを**しゅう曲**といいます。

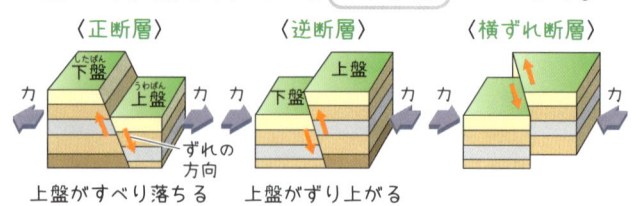

〈正断層〉　〈逆断層〉　〈横ずれ断層〉

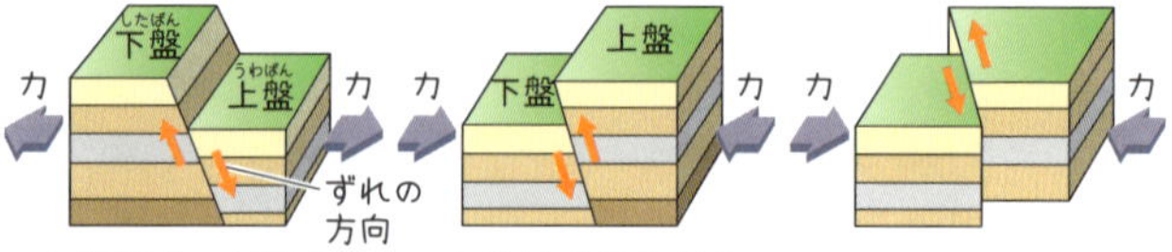

上盤がすべり落ちる　上盤がずり上がる

大きな地震は，地球を覆《おお》う**プレート**という岩石の層の境界で起こります。

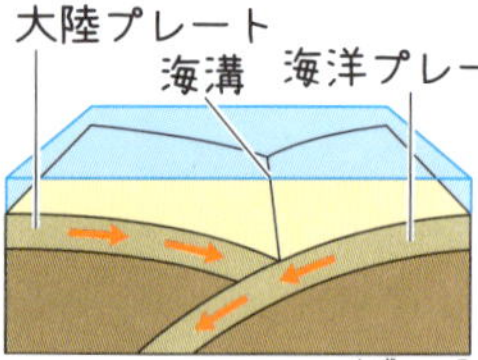

①海洋プレートが沈《しず》み込《こ》む。
②大陸プレートがひきずり込まれる。

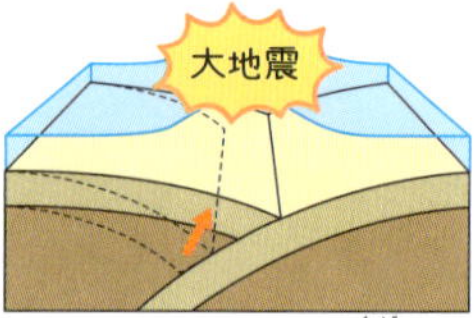

③大陸プレートが戻《もど》るとき大地震発生。

寝る前にもう一度

- ずれは断層，波はしゅう曲。
- プレートの境目で大地震。

★今夜おぼえること

示相化石《しそうかせき》で環境《かんきょう》がわかる。

〈サンゴ〉

↓

あたたかく，浅い海

〈アサリ〉

↓

浅い海

〈シジミ〉

↓

湖や河口付近

ゴロ合わせ　まんじゅうのあんは 中

（アンモナイト）（中生代）

〈サンヨウチュウ〉

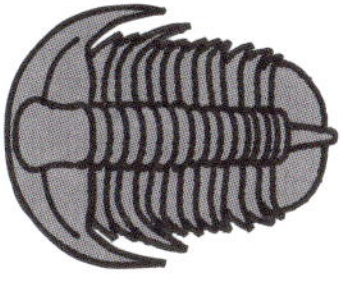

古生代

〈アンモナイト〉

中生代

〈ビカリア〉

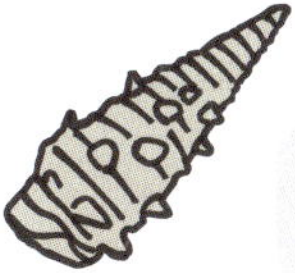

新生代

示準化石《しじゅんかせき》だよ。

理科

★今夜のおさらい

生きられる環境が限られていて，現在もその種が生きている生物の化石は，地層が堆積《たいせき》した当時の環境を知る手がかりとなります。このような化石を示相化石といいます。

広い範囲にすみ，短い期間に栄えて絶滅《ぜつめつ》した生物の化石は，地層が堆積した時代を知る手がかりとなります。このような化石を示準化石といいます。また，地層ができた時代を地質年代（地質時代）といい，古生代，中生代，新生代（古第三紀，新第三紀，第四紀）があります。

古生代	・サンヨウチュウ ・フズリナ
中生代	・アンモナイト ・ティラノサウルス（恐竜） ・モノチス（二枚貝）
新生代	・ビカリア ・ナウマンゾウ ・メタセコイア（植物）

▲地質年代とおもな示準化石

寝る前にもう一度

示相化石で環境がわかる。

まんじゅうのあんは中

22　地学：堆積岩

□　月　日
□　月　日

★ 今夜おぼえること

粒《つぶ》が大きいほうから。

れき＞砂＞泥

〈れき岩〉

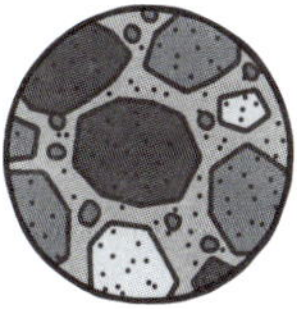

直径２mm以上

〈砂岩〉

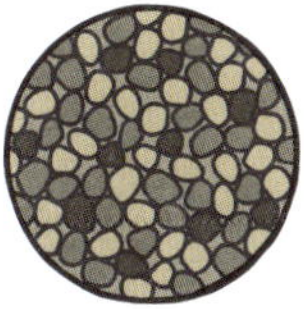

直径$\frac{1}{16}$～２mm

〈泥岩《でいがん》〉

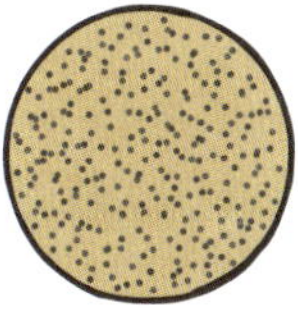

直径$\frac{1}{16}$mm以下

塩酸で泡《あわ》が出るのは石灰岩《せっかいがん》。

〈石灰岩〉うすい塩酸をかけると泡が出る。

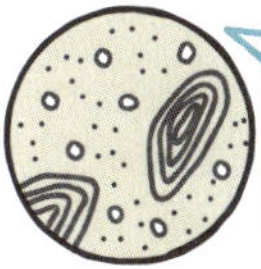

石灰質《せっかいしつ》のからをもつ生物などが固まってできた岩石だよ。

〈チャート〉うすい塩酸をかけても泡が出ない。

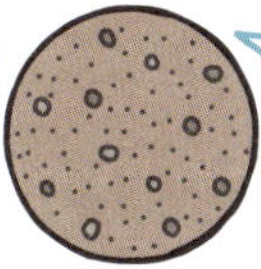

ケイ酸質のからをもつ生物が固まってできた岩石だよ。

★今夜のおさらい

堆積岩《たいせきがん》の種類

①川の水に流された土砂が固まってできた
れき岩，砂岩，泥岩

②火山灰《かざんばい》が固まってできた凝灰岩《ぎょうかいがん》

③海底で生物の死がいなどが固まってできた
石灰岩，チャート

堆積岩の特徴《とくちょう》

①れき岩，砂岩，泥岩は，粒の大きさで区別されます。

堆積岩	粒の大きさ（直径）
れき岩	2 mm 以上
砂岩	$\frac{1}{16}$(0. 06)mm ～ 2 mm
泥岩	$\frac{1}{16}$(0. 06)mm 以下

②凝灰岩は，岩石をつくる粒が角ばっています。

③チャートは，とてもかたく，石灰岩は，うすい塩酸をかけると二酸化炭素が発生します。

寝る前にもう一度

- 粒が大きいほうから，れき＞砂＞泥
- 塩酸で泡が出るのは石灰岩。

★今夜おぼえること

6大陸，最大はユーラシア大陸。3大洋は，太平洋《たいへいよう》・大《たい》西洋《せいよう》・インド洋。

ちなみに，最小の大陸はオーストラリア大陸だよ。

緯《い》度《ど》は南北90度ずつ，経《けい》度《ど》は東西180度ずつ。

緯度は赤《せき》道《どう》を0度，経度は本初《ほんしょ》子《し》午《ご》線《せん》を0度とするよ。

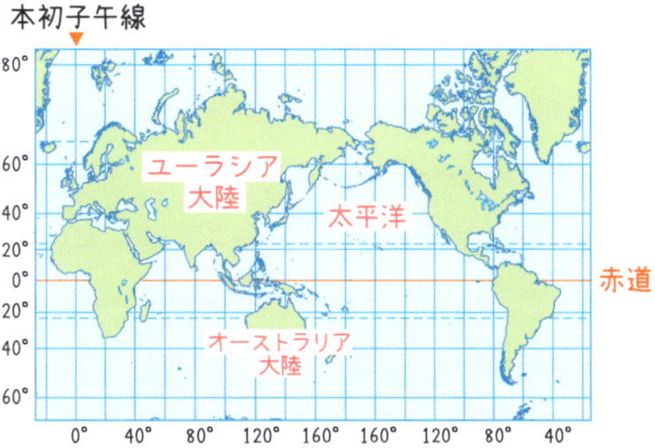

★今夜のおさらい

6大陸はユーラシア大陸・アフリカ大陸・北アメリカ大陸・南アメリカ大陸・オーストラリア大陸・南極《なんきょく》大陸。3大洋は太平洋《たいへいよう》・大《たい》西洋《せいよう》・インド洋です。

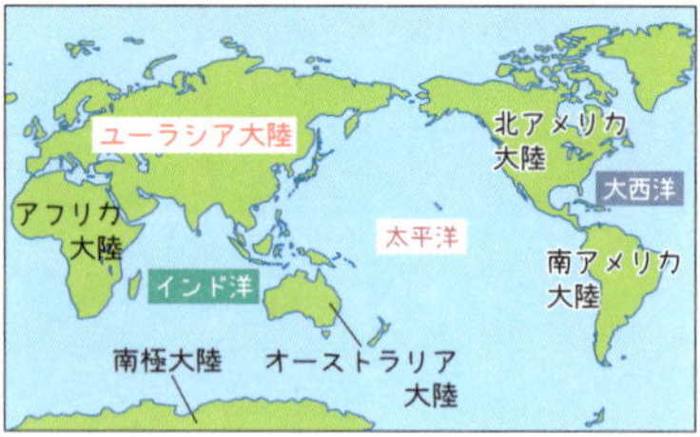

▲6大陸と3大洋

地球上の位置は緯《い》度《ど》と経度《けいど》によって表すことができます。同じ緯度の地点を結んだ線を緯線，同じ経度の地点を結んだ線を経線といいます。

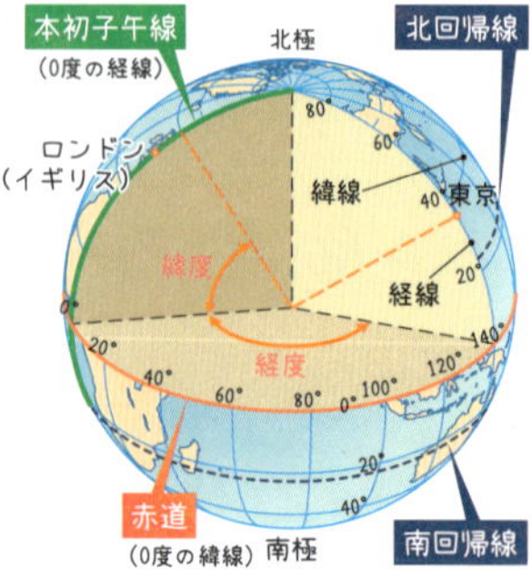

▲緯度と経度

寝る前にもう一度

- 6大陸，最大はユーラシア大陸。3大洋は，太平洋・大西洋・インド洋。
- 緯度は南北90度ずつ，経度は東西180度ずつ。

★今夜おぼえること

ユーラシア大陸は，ヨーロッパ州とアジア州。

世界の地域区分では，ユーラシア大陸はヨーロッパ州とアジア州に区分されるよ。

人口最多は中国，面積最大はロシア連邦《れんぽう》。

人口が世界で最も多い国は中国で日本の10倍以上，面積が世界で最も大きい国はロシア連邦で日本の約45倍だよ。

★今夜のおさらい

世界は6つの州に区分され，アジア州・ヨーロッパ州・アフリカ州・北アメリカ州・南アメリカ州・オセアニア州があります。アジア州は最も面積が大きく，人口も最も多い州です。

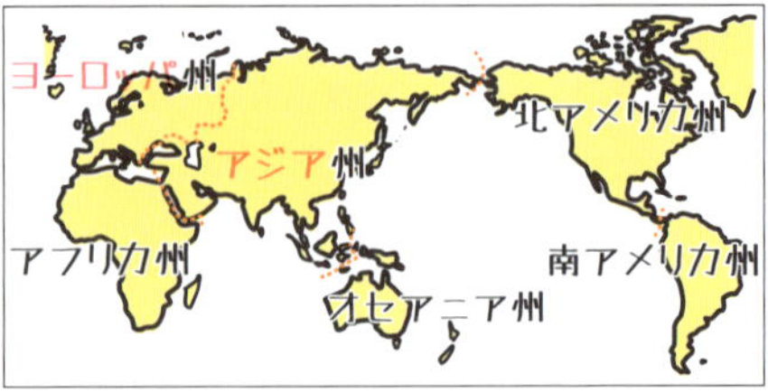

▲6つの州

人口が世界で最も多い国は中国で，インド，アメリカがそれに続きます。面積が世界で最も大きい国はロシア連邦《れんぽう》で，カナダ，アメリカ，中国，ブラジルがそれに続きます。

1位	ロシア連邦	1710万 km²
2位	カナダ	999万 km²
3位	アメリカ	963万 km²
4位	中国	960万 km²
5位	ブラジル	852万 km²

(2010年)　　(2012/13年版「世界国勢図会」)

▲面積が大きい国

寝る前にもう一度

- ユーラシア大陸は，ヨーロッパ州とアジア州。
- 人口最多は中国，面積最大はロシア連邦。

3．地理：世界各地の人々の生活と環境《かんきょう》①

□ 月 日
□ 月 日

★今夜おぼえること

熱帯に熱帯雨林，冷帯（亜《あ》寒帯）に針葉樹林《しんようじゅりん》（タイガ）。

熱帯雨林は熱帯地域の背の高い広葉樹林だよ。針葉樹林は冷帯地域のマツやモミなどの森林だよ。

乾燥《かんそう》帯の住居は日《ひ》干《ぼ》しれんが，モンゴルの遊牧民の住居はゲル。

日干しれんがは泥《どろ》で形をつくって，それを強い日差しで乾《かわ》かしてつくったれんがだよ。

社会

★今夜のおさらい

赤道周辺《せきどうしゅうへん》の熱帯地域には熱帯雨林が広がっていて，人々は湿気《しっけ》を防ぐため，高床《たかゆか》の住居に住んでいます。ロシア連邦《れんぽう》東部のシベリアなどの冷帯（亜《あ》寒帯）地域には，寒さに強いマツなどの針葉樹林《しんようじゅりん》（タイガ）が広がっています。

高床の住居

雨が少ない乾燥《かんそう》帯の地域では森林資源が少ないため，日《ひ》干《ぼ》しれんがでつくった住居が多く見られます。モンゴルの遊牧民は移動式のゲルとよばれるテントに住んでいます。

日干しれんがの住居

モンゴルの遊牧民の住居

寝る前にもう一度

- 熱帯に熱帯雨林，冷帯（亜寒帯）に針葉樹林（タイガ）。
- 乾燥帯の住居は日干しれんが，モンゴルの遊牧民の住居はゲル。

★今夜おぼえること

世界の三大宗教は，仏教《ぶっきょう》，キリスト教，イスラム教。

ほかにも，ヒンドゥー教やユダヤ教などの民族宗教があるよ。

仏教
キリスト教
イスラム教
ヒンドゥー教

ゴロ合わせ　サリー《(イ)》ンド，チマ・チョゴりんごく《(隣 国)》の韓国《かんこく》。

サリーはインドなどの女性の民族衣装《いしょう》，チマ・チョゴリは日本の隣《となり》の国である韓国（大韓民国《だいかんみんこく》）など朝鮮《ちょうせん》半島の女性の民族衣装だよ。

サリー
チマ・チョゴリ

★今夜のおさらい

世界にはインドでシャカが開いた仏教《ぶっきょう》，西アジアのパレスチナ地方でイエス＝キリストが開いたキリスト教，アラビア半島でムハンマドが開いたイスラム教の三大宗教のほか，ヒンドゥー教，ユダヤ教，神《しん》道《とう》などもあります。

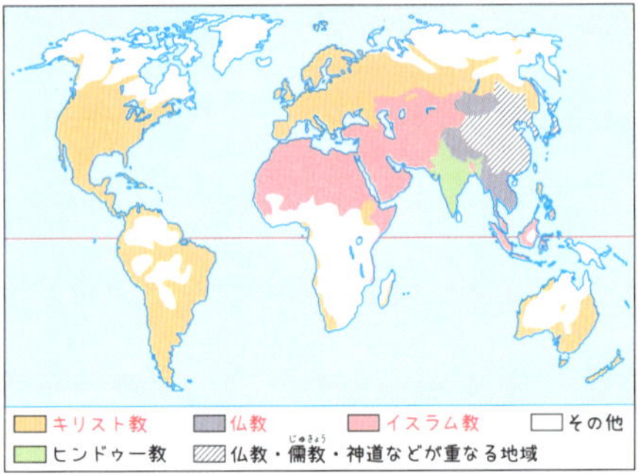

▲宗教の分布

世界にはインド女性のサリー，韓国《かんこく》女性のチマ・チョゴリ，ベトナムのアオザイ，日本の着物などの伝統のある民族衣装《いしょう》がたくさんあります。ほかにも気候に合った衣服や，宗教の教えに基《もと》づいた衣服があります。

寝る前にもう一度

- 世界の三大宗教は，仏教，キリスト教，イスラム教。
- サリー《(イ)》ンド，チマ・チョゴりんごく《(隣国)》の韓国。

□ 月 日
□ 月 日

★今夜おぼえること

ゴロ合わせ 中国の大河は，北から こう（黄河）（校） ちょう（長江）（長）先生。

中国には，長さ世界3位の長江《ちょうこう》(チャンチャン)と，黄河《こうが》(ホワンホー)の2つの大きな川が流れているよ。

東・東南・南アジアで稲作《いなさく》，東南アジアのプランテーションで天然ゴム。

右のグラフからタイやインドネシアなど，東南アジアの国々で生産量が多いことがわかるね。

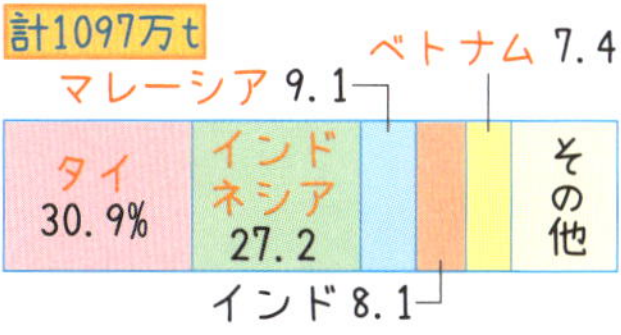

(2011年) (2012/13年版「世界国勢図会」)
▲天然ゴムの生産量の割合

社会

★今夜のおさらい

アジアには**黄河**《こうが》《（ホワンホー）》や**長江**《ちょうこう》《（チャンチャン）》，メコン川やガンジス川などの大河が流れます。また，世界一高い山の**エベレスト山**《（チョモランマ）》がある**ヒマラヤ山脈**がネパール，インド，中国などの国境に連なっています。

季節風（モンスーン）の影響《えいきょう》を受ける東・東南・南アジアの地域では，**稲作**《いなさく》がさかんです。また，東南アジアの**プランテーション**では大規模な農業が行われ，**天然ゴム**や**アブラやし**，バナナやさとうきびなどの生産がさかんです。

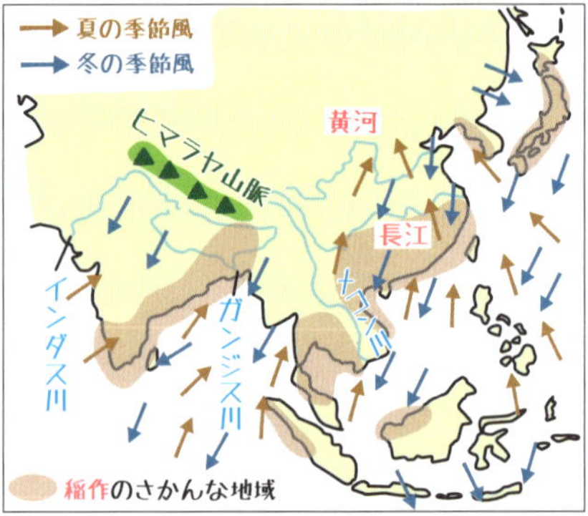

▲アジアの地形・季節風・稲作のさかんな地域

寝る前にもう一度

- 中国の大河は，北からこう《（黄河）》《（校）》 ちょう《（長江）》《（長）》先生。
- 東・東南・南アジアで稲作，東南アジアのプランテーションで天然ゴム。

6．地理：アジア州②，ヨーロッパ州①

□ 月 日
□ 月 日

★今夜おぼえること

中国の人口は13億人を超《こ》え，約9割は漢《かん》族。経済特区《けいざいとっく》を設けてBRICS《ブリックス》の一員。

以前は南アフリカ共和国を入れずに，BRICsとしたよ。

ヨーロッパ西部は偏西風《へんせいふう》と北《きた》大西洋《たいせいよう》海流の影響《えいきょう》で温暖。

暖流の北大西洋海流の上を，偏西風が吹《ふ》いてくるから，温暖なんだよ。

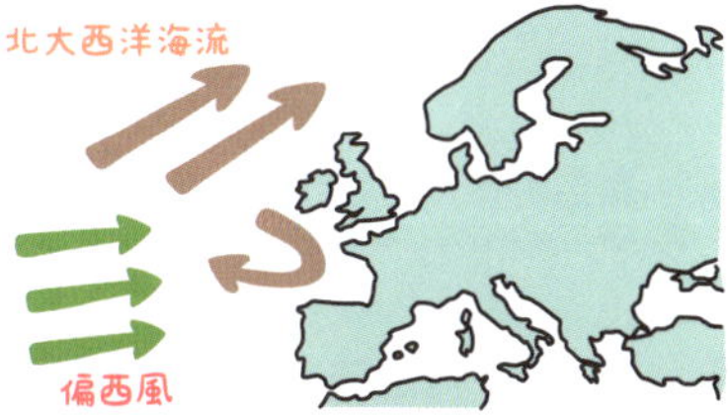

★今夜のおさらい

中国の人口は13億人を超《こ》えて世界一で，その約９割は漢《かん》族（漢民族）です。沿岸部に経済《けいざい》特区《とっく》を設けて，近年経済が急速に発展し，BRICS《ブリックス》(s)の一員となっています。しかし，沿岸部と内陸部との経済格差の問題があります。

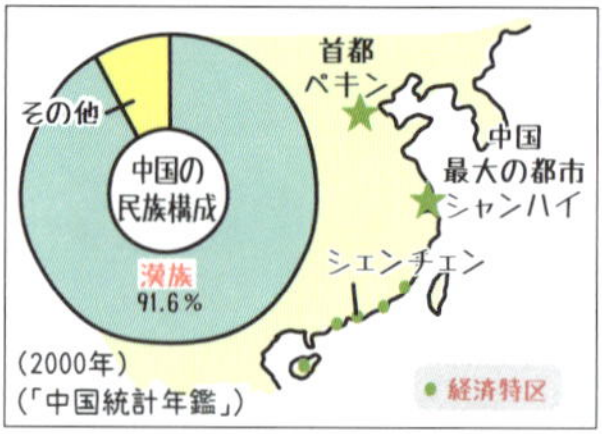

▲中国の民族構成と経済特区

ヨーロッパの大部分は北海道《ほっかいどう》よりも高緯度《こういど》に位置しますが，西部は暖流の北大西洋《きたたいせいよう》海流の上を吹《ふ》く偏西風《へんせいふう》の影《えい》響《きょう》で比較的《ひかくてき》温暖です。

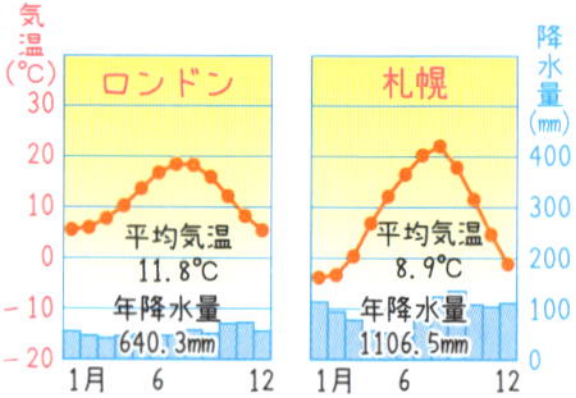

（平成25年版「理科年表」）

▲ロンドン（イギリス）と札幌《さっぽろ》（北海道）の雨温図

寝る前にもう一度

- 中国の人口は13億人を超え，約９割は漢族。経済特区を設けてBRICSの一員。
- ヨーロッパ西部は偏西風と北大西洋海流の影響で温暖。

★今夜おぼえること

ヨーロッパ北部で混合農業《こんごうのうぎょう》や酪《らく》農《のう》，南部で地《ち》中《ちゅう》海《かい》式農業。

各国が協力して航空機を生産。

地中海沿岸で夏にぶどう，冬に小麦などを栽培《さいばい》しているよ。

ぶどうの栽培

ぶどうから
ワインが
つくられる

EU《イーユー》（ヨーロッパ連合）諸国はユーロ導入，関税《かんぜい》撤廃《てっぱい》。

EUは欧州《おうしゅう》連合ともよばれるよ。共通通貨ユーロはEUの多くの国で使うことができるんだ。

★今夜のおさらい

ヨーロッパ北部で食用・飼料作物の栽培《さいばい》と家《か》畜《ちく》の飼育《しいく》を組み合わせた混《こん》合《ごう》農業や酪農《らくのう》，南部で地《ち》中海《ちゅうかい》式農業がさかんです。

また，各国の分業による航空機の生産が行われています。

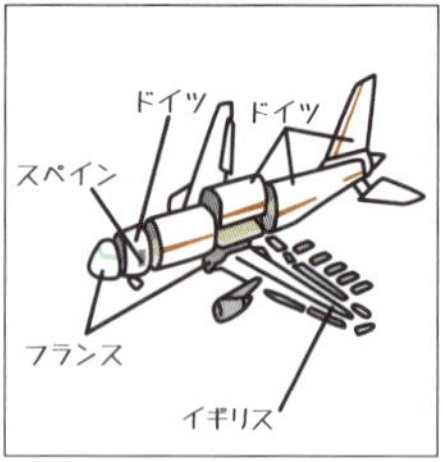

▲航空機生産の分業

EU《イーユー》（ヨーロッパ連合）は共通通貨のユーロを導入し，関税《かんぜい》を撤《てっ》廃《ぱい》して，政治的・経済的なつながりを強めようとしています。

▲EU加盟国とユーロ導入国

寝る前にもう一度

- ヨーロッパ北部で混合農業や酪農，南部で地中海式農業。各国が協力して航空機を生産。
- EU（ヨーロッパ連合）諸国はユーロ導入，関税撤廃。

8. 地理：アフリカ州

□　月　日
□　月　日

★今夜おぼえること

🌟アフリカのナイル川は世界最長，サハラ砂《さ》漠《ばく》は世界最大。

🌙ギニア湾岸《わんがん》のプランテーションでカカオ豆の栽培《さいばい》，アフリカ各地でレアメタルを産出。

カカオ豆はチョコレートの原料となるんだよ。

▲カカオ豆の生産量の割合

★今夜のおさらい

アフリカ東部を世界最長のナイル川が流れ，北部には世界最大のサハラ砂漠《さばく》が広がります。

多くの地域はかつてヨーロッパ諸国の植民地でした。

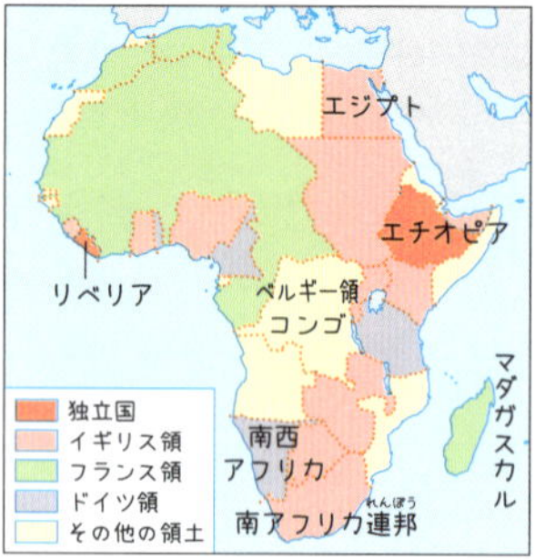

▲植民地下のアフリカ（1904年）

ギニア湾岸《わんがん》のプランテーションではカカオ豆の栽培《さいばい》がさかんです。またアフリカは，金やダイヤモンド，銅や石油，レアメタル（希少《きしょう》金属）などの鉱産資源が豊富です。

▲アフリカ南部の鉱産資源

寝る前にもう一度

- アフリカのナイル川は世界最長，サハラ砂漠は世界最大。
- ギニア湾岸のプランテーションでカカオ豆の栽培，アフリカ各地でレアメタルを産出。

★今夜おぼえること

アメリカの地形はロッキー山脈，ミシシッピ川。民族はヒスパニックが増加。

ヒスパニックとは，スペイン語を話す中南アメリカからの移民だよ。

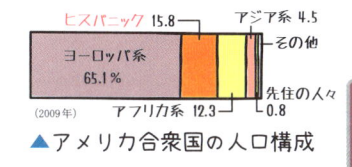

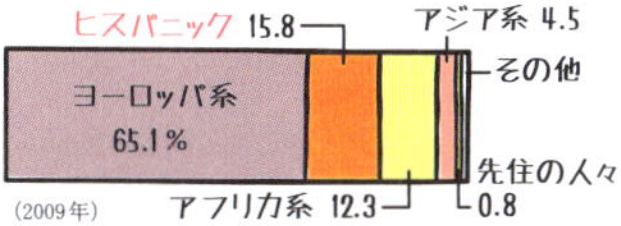

▲アメリカ合衆国の人口構成

農業は適《てき》地《ち》適作《てきさく》，工業はサンベルト，シリコンバレー。

適地適作とは，土地の自然条件に合った農作物を栽培《さいばい》することだよ。アメリカは農業も工業もとてもさかんなんだ。

社会

★今夜のおさらい

アメリカの西部にはロッキー山脈が連なり，中部をミシシッピ川が流れます。アメリカは多民族国家で，近年ヒスパニックの人口が増えています。

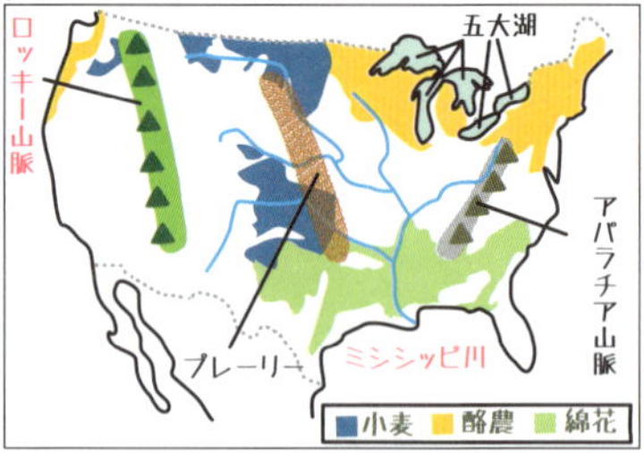

▲アメリカのおもな地形と農業地域

アメリカでは，適地適作《てきちてきさく》で企業的《きぎょうてき》な農業が行われています。工業の中心は北緯《ほくい》37度より南のサンベルトで，サンフランシスコ近郊《きんこう》のシリコンバレーではIT《アイティー》産業（情報技術産業）が発達しています。

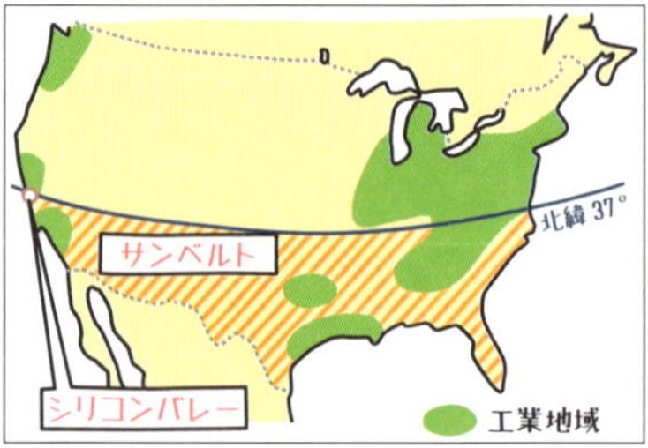

▲アメリカのおもな工業地域

寝る前にもう一度

- アメリカの地形はロッキー山脈，ミシシッピ川。民族はヒスパニックが増加。
- 農業は適地適作，工業はサンベルト，シリコンバレー。

★今夜おぼえること

南アメリカの地形はアンデス山脈，アマゾン川。ラプラタ川流域にパンパ。

パンパでは小麦の栽培《さいばい》や牧畜《ぼくちく》が行われているよ。

アマゾン川

パンパ

ブラジルの輸出品はコーヒー豆→機械類。鉄鉱石《てっこうせき》も豊富。

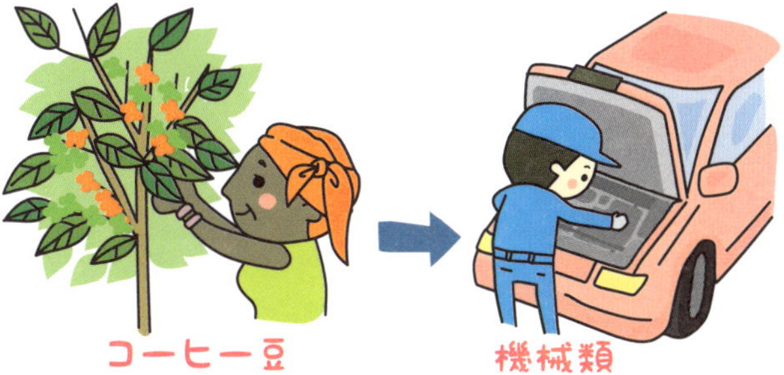

コーヒー豆　機械類

★今夜のおさらい

南アメリカには**アンデス山脈**が連なり，**アマゾン川**は流域面積が世界一です。ラプラタ川流域の草原・**パンパ**では小麦やとうもろこしの栽培《さいばい》，牧畜《ぼくちく》がさかんです。

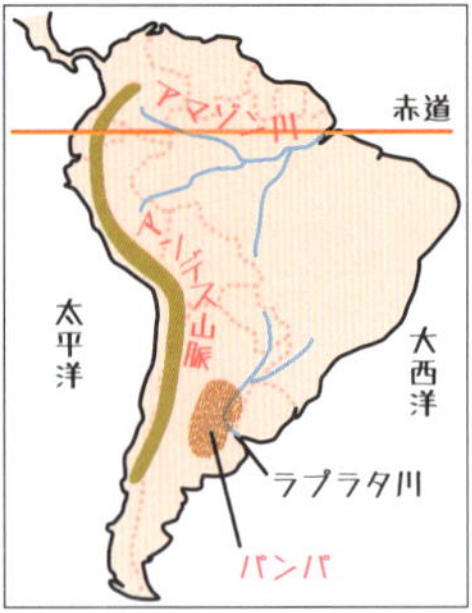

▲南アメリカのおもな地形

ブラジルは近年工業化が進み，輸出品の中心が**コーヒー豆**などから**機械類**に変わりました。カラジャス鉄山などで産出される**鉄鉱石**《てっこうせき》が豊富で，日本へも多く輸出されています。

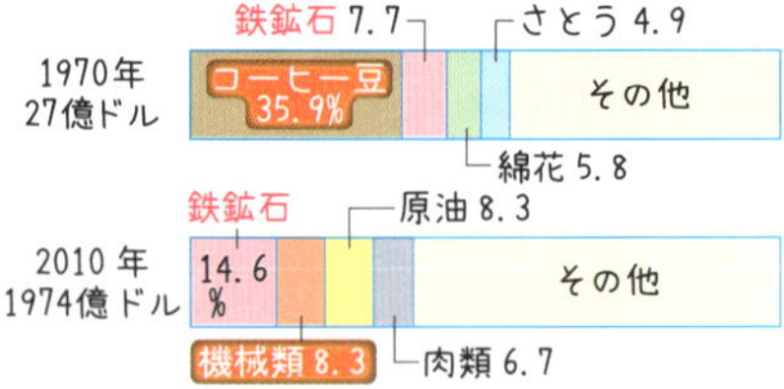

(2012/13年版「世界国勢図会」など)

▲ブラジルの輸出品の変化

寝る前にもう一度

- 南アメリカの地形はアンデス山脈，アマゾン川。ラプラタ川流域にパンパ。
- ブラジルの輸出品はコーヒー豆→機械類。鉄鉱石も豊富。

11. 地理：オセアニア州

□　月　日
□　月　日

★今夜おぼえること

オセアニアにはさんご礁《しょう》の島。先住民はアボリジニ，マオリ。

オーストラリアの先住民がアボリジニ，ニュージーランドの先住民がマオリだよ。

ゴロ合わせ　オーストラリアの鉱産《こうさん》資源

鉄製（西部）の短（石炭）刀（東部）。

オーストラリアの西部で鉄鉱石《てっこうせき》，東部で石炭の産出が多いよ。

鉄製（西）
の
短（炭）
刀（東）
鉄鉱石が西部、
石炭が東部…。

★今夜のおさらい

オセアニアには**さんご礁《しょう》**でできた島や，火山の活動によってできた**火山島**などがあります。オーストラリアには**アボリジニ**，ニュージーランドには**マオリ**という先住民が住んでいます。

オーストラリアは鉱産資源が豊富で，**西部**で**鉄鉱石《てっこうせき》**，**東部**で**石炭**の産出がさかんです。地表を直接けずる**露天掘《ろてんぼ》り**による採掘《さいくつ》が行われ，**鉄鉱石**や**石炭**は日本へも多く輸出されています。オーストラリアやニュージーランドでは**羊**の放牧もさかんです。

▲オーストラリアの鉱産資源

寝る前にもう一度

- オセアニアにはさんご礁の島。先住民はアボリジニ，マオリ。
- 鉄製（西部）の短（石炭）刀（東部）。

★今夜おぼえること

国の領域は領土・領海・領空。経済水域は200海里。

独立国は領土・国民・主権の３つの条件を満たさないといけないんだよ。

日本の北端《ほくたん》は択捉《えとろふ》島，南端は沖ノ鳥《おきのとり》島，東端は南鳥《みなみとり》島，西端は与那国《よなぐに》島。

沖ノ鳥島は水没《すいぼつ》を防ぐため，護岸工事が行われたんだよ。水没すると，日本の経済水域が大幅《おおはば》に減少するんだ。

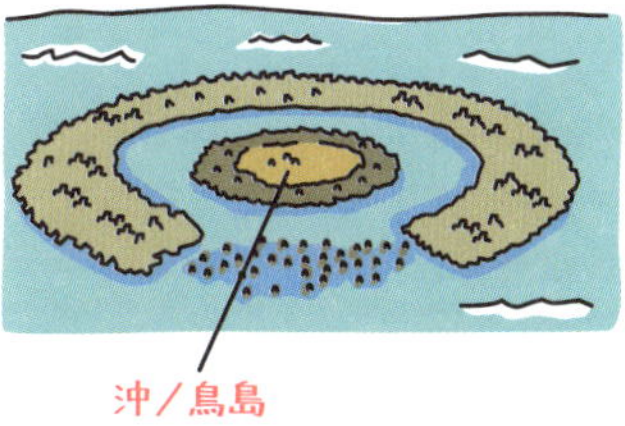

社会

★今夜のおさらい

国の領域は領土，領海，領空からなります。また，各国は200海里の経済水域（排他的《はいたてき》経済水域）を設定していて，水域内の水産資源や鉱産資源は沿《えん》岸《がん》国のものとなります。

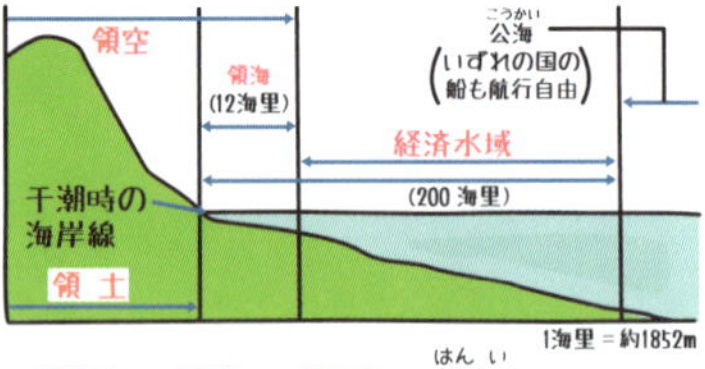

▲領土・領海・領空の範囲《はんい》

日本の北端《ほくたん》は北海《ほっかい》道《どう》の択捉《えとろふ》島，南端は東京《とうきょう》都《と》の沖ノ鳥《おきのとり》島，東端は東京都の南鳥《みなみとり》島，西端は沖縄《おきなわ》県の与那国《よなぐに》島です。

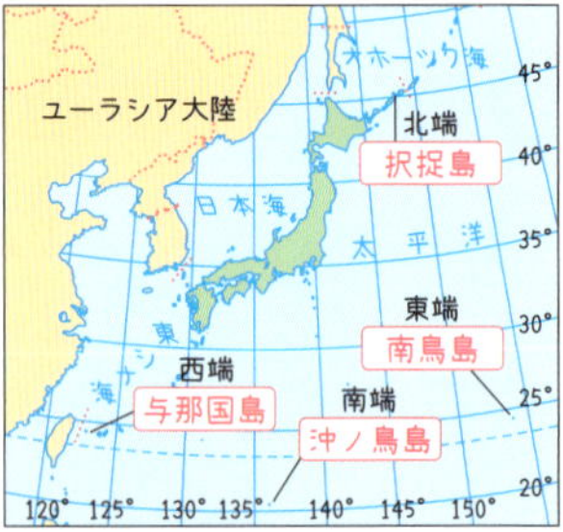

▲日本の範囲

寝る前にもう一度

- 国の領域は領土・領海・領空。経済水域は200海里。
- 日本の北端は択捉島，南端は沖ノ鳥島，東端は南鳥島，西端は与那国島。

13. 地理：時差，都道府県と地域区分

□　月　日
□　月　日

★今夜おぼえること

経度《けいど》15度で1時間の時差。

日本（東経《とうけい》135度）とイギリスのロンドン（経度0度）との時差は，135(度)÷15(度)＝9（時間）で求められるよ。日本が正午の時，ロンドンは午前3時なんだ。

7地方区分は北海道《ほっかいどう》，東北《とうほく》，関東《かんとう》，中部《ちゅうぶ》，近畿《きんき》，中国《ちゅうごく》・四国《しこく》，九州《きゅうしゅう》地方。

社会

★今夜のおさらい

経度《けいど》15度で1時間の時差が生まれます。
日本(東経《とうけい》135度)とアメリカのニューヨーク(西経《せいけい》75度)の時差は，まず経度差を135+75=210(度)で求め，次に210÷15=14(時間)を計算して，時差は14時間となります。

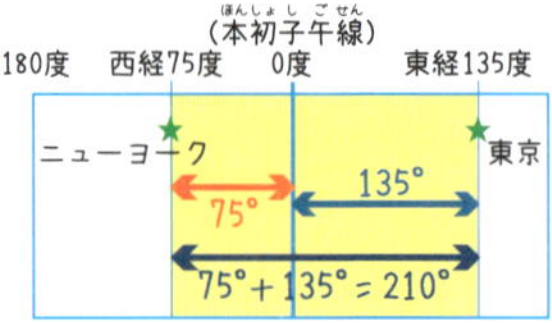

日本を7地方に分けると北海道《ほっかいどう》地方，東北《とうほく》地方，関《かん》東《とう》地方，中部《ちゅうぶ》地方，近畿《きんき》地方，中《ちゅう》国《ごく》・四国《しこく》地方，九《きゅう》州《しゅう》地方となります。

▲日本の7地方区分

寝る前にもう一度

- 経度15度で1時間の時差。
- 7地方区分は北海道，東北，関東，中部，近畿，中国・四国，九州地方。

14. 歴史：文明のおこり

□ 月 日
□ 月 日

★今夜おぼえること

エジプト文明はナイル川流域におこった。

おもな古代文明は大河の流域におこったよ。

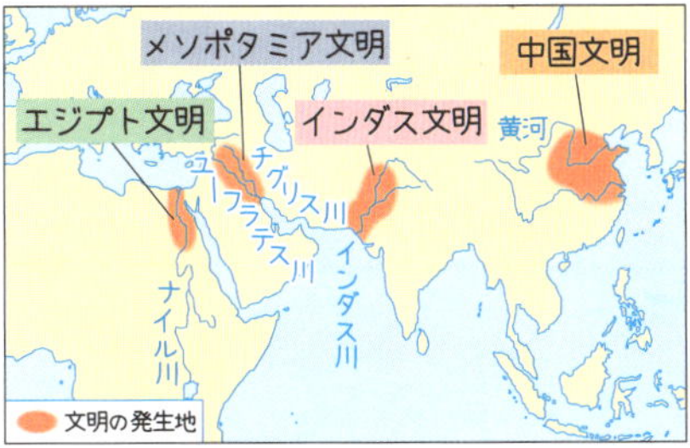

中国の漢《かん》の時代にシルクロード（絹の道）が開けた。

シルクロードは中国から絹（シルク）などを西方に運んだ交通路だよ。

社会

★今夜のおさらい

紀元前3000年ごろナイル川流域にエジプト文明がおこり，ピラミッドがつくられ，象形《しょうけい》文字が使われました。

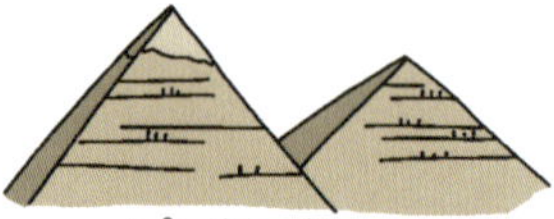

ピラミッド

象形文字

中国では，秦《しん》についで漢《かん》が大帝国《ていこく》を築き，東西の交通が発達してシルクロード（絹の道）が開けました。西方からはブドウや仏教《ぶっきょう》などが伝えられ，中国からは絹《きぬ》などがローマ帝国に運ばれました。

中国の王朝は，殷《いん》→周《しゅう》→秦→漢の順序をおぼえておこう。

寝る前にもう一度

- エジプト文明はナイル川流域におこった。
- 中国の漢の時代にシルクロード（絹の道）が開けた。

★今夜おぼえること

弥生《やよい》時代には稲作《いなさく》が広まり、金属器が使われた。

大仙《だいせん》（山）古墳《こふん》は巨大《きょだい》な前《ぜん》方後円墳《ぽうこうえんふん》。

大仙古墳は大阪府にある世界最大級の墓だよ。

前方後円墳

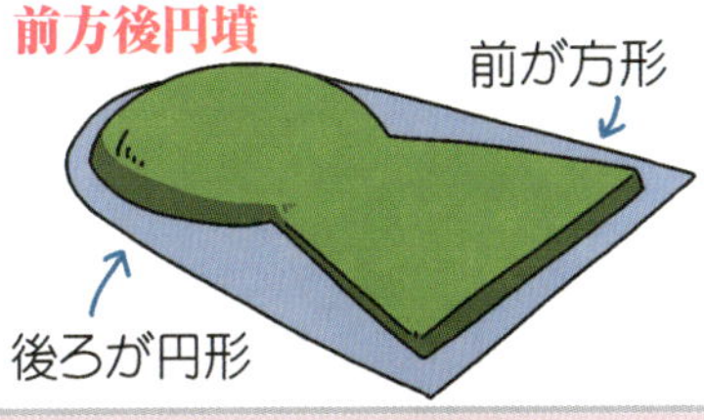

★今夜のおさらい

弥生《やよい》時代には稲作《いなさく》が広まり，社会が大きく変化しました。また，弥生土器や青銅器・鉄器などの金属器が使われました。

古墳《こふん》は王や豪族《ごうぞく》の墓で，とくに大仙《だいせん》（山）古墳のような前方後円墳《ぜんぽうこうえんふん》は規模《きぼ》の大きな古墳です。古墳のまわりには埴輪《はにわ》が置かれました。

寝る前にもう一度

- 弥生時代には稲作が広まり，金属器が使われた。
- 大仙（山）古墳は巨大な前方後円墳。

16. 歴史：聖徳太子の政治と大化の改新 □ 月 日 □ 月 日

★今夜おぼえること

聖徳太子《しょうとくたいし》は十七条の憲法《けんぽう》で役人の心構えを示した。

聖徳太子は天皇《てんのう》中心のまとまりのある国をつくろうとしたんだ。

中大兄皇子《なかのおおえのおうじ》は中臣鎌足《なかとみのかまたり》らと大化《たいか》の改新を行った。

★今夜のおさらい

593年，聖徳太子《しょうとくたいし》は推古天皇《すいこてんのう》の摂政《せっしょう》になり，冠位《かんい》十二階の制度や役人の心構えを示した十七条の憲法《けんぽう》を定めて，新しい国づくりを進めました。

十七条の憲法（一部）

一、争いをやめよ。
一、仏教をあつく敬《うやま》え。
一、天皇の命令には必ず従え。

645年，中大兄皇子《なかのおおえのおうじ》は中臣鎌足《なかとみのかまたり》らとともに，権力をふるう蘇我氏《そがし》をたおし，大化《たいか》の改新とよばれる政治改《かい》革《かく》を始めました。中大兄皇子は，のちに天智《てんじ》天皇となりました。

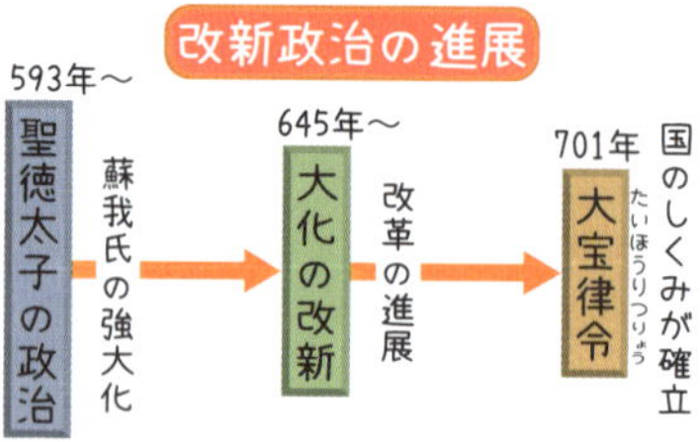

寝る前にもう一度

- 聖徳太子は十七条の憲法で役人の心構えを示した。
- 中大兄皇子は中臣鎌足らと大化の改新を行った。

★今夜おぼえること

班田収授法《はんでんしゅうじゅのほう》によって，人々に口分田《くぶんでん》が与《あた》えられた。

班田収授法は律令《りつりょう》国家で行われたしくみだよ。

奈良《なら》時代，聖武天皇《しょうむてんのう》は東《とう》大寺《だいじ》の大仏《だいぶつ》をつくらせた。

聖武天皇は仏教《ぶっきょう》の力で国を守ろうとしたんだ。

★今夜のおさらい

奈良《なら》時代，国が6歳《さい》以上の人々に**口分田**《くぶんでん》を与《あた》え，死ねば返させる**班田収授法**《はんでんしゅうじゅのほう》が行われ，人々は**租**《そ》などの税を負担《ふたん》しました。

税の種類

聖武天皇《しょうむてんのう》は，国ごとに国分寺《こくぶんじ》と国分尼《に》寺を建て，都に**東大寺**《とうだいじ》を建てて金銅《こんどう》の大仏《だいぶつ》をつくらせました。このころ栄えた仏教《ぶっきょう》や唐《とう》の文化の影響《えいきょう》を受けた国際的な文化を**天平**《てんぴょう》**文化**といいます。

寝る前にもう一度

- 班田収授法によって，人々に口分田が与えられた。
- 奈良時代，聖武天皇は東大寺の大仏《だいぶつ》をつくらせた。

今夜おぼえること

藤原《ふじわら》氏の摂関政治《せっかんせいじ》は道長《みちなが》・頼通《よりみち》のころ全盛《ぜんせい》になった。

この世は私の思い通りじゃ。
このせをば わがせとぞ思う もち月の 欠けたることも なしと思えば
藤原道長

紫式部《むらさきしきぶ》は『源氏物語《げんじものがたり》』、清少納言《せいしょうなごん》は『枕草子《まくらのそうし》』を著《あらわ》した。

このころ栄えた国風文化の代表的な作品だよ。

紫式部
『源氏物語』
清少納言
『枕草子』

★今夜のおさらい

平安《へいあん》時代，藤原《ふじわら》氏は代々，天皇《てんのう》を補佐する摂政《せっしょう》・関白《かんぱく》の地位について政治の実権を握《にぎ》りました。この政治を摂関政治《せっかんせいじ》といいます。

平安時代には，かな文字が普及《ふきゅう》し，紫式部《むらさきしきぶ》の『源氏物語《げんじものがたり》』，清少納言《せいしょうなごん》の随筆《ずいひつ》『枕草子《まくらのそうし》』など宮廷《きゅうてい》に仕《つか》える女性によるすぐれた文学作品が生まれました。

寝る前にもう一度

- 藤原氏の摂関政治は道長《みちなが》・頼通《よりみち》のころ全盛《ぜんせい》になった。
- 紫式部は『源氏物語』，清少納言は『枕草子』を著《あらわ》した。

19. 歴史：鎌倉幕府の成立

□　　月　　日
□　　月　　日

★今夜おぼえること

源頼朝《みなもとのよりとも》は御家人《ごけにん》と御恩《ごおん》・奉《ほう》公《こう》の主従関係を結んだ。

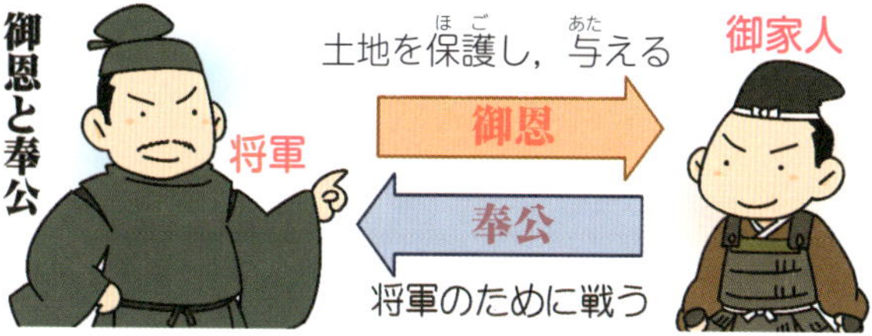

鎌倉幕府《かまくらばくふ》は，承久《じょうきゅう》の乱《らん》で後《ご》鳥羽上皇《とばじょうこう》の軍を破った。

社会

★今夜のおさらい

将軍《しょうぐん》と主従関係を結んだ家来《けらい》を御家人《ごけにん》といいます。**源頼朝《みなもとのよりとも》**は、御家人の領地《りょうち》を保護《ほご》し（**御恩《ごおん》**）、御家人は頼朝のために戦いました（**奉公《ほうこう》**）。頼朝の開いた鎌倉幕府《かまくらばくふ》のしくみは、この主従関係をもとに成り立っていました。

1221年、**後鳥羽上皇《ごとばじょうこう》**は鎌倉幕府を倒《たお》そうとして兵をあげましたが、**北条氏《ほうじょうし》**の率いる幕府軍に敗れました。これを**承久《じょうきゅう》の乱《らん》**といいます。こののち、京都には六《ろく》波羅探題《はらたんだい》が設置《せっち》され、朝廷《ちょうてい》の監視《かんし》や西国の武士の支配にあたりました。

北条氏
これで幕府は安泰《あんたい》じゃ。
隠岐《おき》に流された後鳥羽上皇

寝る前にもう一度

- 源頼朝は御家人と御恩・奉公の主従関係を結んだ。
- 鎌倉幕府は，承久の乱で後鳥羽上皇の軍を破った。

★今夜おぼえること

鎌倉《かまくら》時代，親鸞《しんらん》は浄土真《じょうどしん》宗《しゅう》（一向《いっこう》宗），日蓮《にちれん》は日蓮宗（法華《ほっけ》宗）を開いた。

救いを信じる
心があれば
救われます。
題目《だいもく》を唱えれば
人も国も
救われるのだ。
親鸞
日蓮

ゴロ合わせ　文永《ぶんえい》の役《えき》（元寇《げんこう》）おこる

元の船とうになし（1274年）。

1　2　7　4

元軍は御家人《ごけにん》の活躍《かつやく》や暴風雨などのために退却《たいきゃく》したよ。

よかった
引き上げたぞ。

社会

★今夜のおさらい

鎌倉《かまくら》時代，**親鸞《しんらん》**や**日蓮《にちれん》**などは庶民《しょみん》にわかりやすい新しい仏教《ぶっきょう》を広めました。また，**栄西《えいさい》**や**道元《どうげん》**は禅宗《ぜんしゅう》を伝えました。

わかりやすい教え	法然《ほうねん》…浄土宗《じょうど》 親鸞…浄土真宗《じょうどしん》 （一向宗《いっこう》） 日蓮…日蓮宗 （法華宗《ほっけ》）	座禅《ざぜん》を重んじる禅宗	栄西…臨済宗《りんざい》 道元…曹洞宗《そうとう》

フビライが支配する**元《げん》**は日本に属国《ぞっこく》になるよう要求しましたが，執権《しっけん》の**北条時宗《ほうじょうときむね》**はこれを拒否《きょひ》しました。そのため元は，**1274**年（**文永《ぶんえい》の役《えき》**）と1281年（**弘安《こうあん》の役**）の二度にわたって攻《せ》めてきました。これを**元寇《げんこう》**といいます。

元寇後，鎌倉幕府がおとろえたこともおさえておこう。

寝る前にもう一度

- 鎌倉時代，親鸞は浄土真宗（一向宗），日蓮は日蓮宗（法華宗）を開いた。
- 文永の役（元寇）がおこった年は，「元の船とうになし（1274年）」。

□ 月 日
□ 月 日

★今夜おぼえること

後醍醐天皇《ごだいごてんのう》は鎌倉幕府《かまくらばくふ》を倒《たお》し、建武《けんむ》の新政《しんせい》を行った。

後醍醐天皇は公《く》家《げ》（貴族）と武士を従えて政治を行ったんだ。

足利義満《あしかがよしみつ》は明《みん》（中国）と勘合貿易《かんごうぼうえき》を行った。

勘合は正式な貿易船に与《あた》えられた合い札《ふだ》だよ。

★今夜のおさらい

1333年，足利尊氏《あしかがたかうじ》らが後醍醐天皇《ごだいごてんのう》に味方して鎌倉幕府《かまくらばくふ》を倒《たお》し，建武《けんむ》の新政《しんせい》が始まりました。しかし公家《くげ》重視の政策で武士の不満が強まり，新政は2年半でくずれました。

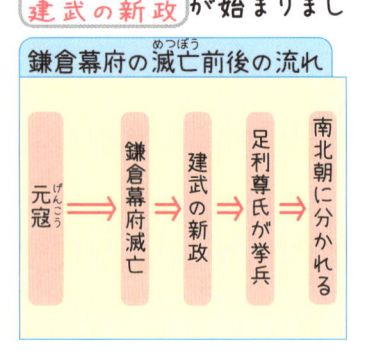

鎌倉幕府の滅亡《めつぼう》前後の流れ

元寇《げんこう》 ⟹ 鎌倉幕府滅亡 ⇒ 建武の新政 ⇒ 足利尊氏が挙兵 ⇒ 南北朝に分かれる

室町《むろまち》幕府の3代将軍足利義満《よしみつ》は，大陸沿岸《えんがん》を荒《あ》らすなど海賊《かいぞく》的な行為《こうい》をしていた倭寇《わこう》を取りしまり，明《みん》（中国）と勘合貿易《かんごうぼうえき》を行いました。また，南北朝を統一し，幕府の力を強めました。

寝る前にもう一度

- 後醍醐天皇は鎌倉幕府を倒し，建武の新政を行った。
- 足利義満は明（中国）と勘合貿易を行った。

22. 歴史：応仁の乱と室町文化

□　月　日
□　月　日

★今夜おぼえること

★★★ ゴロ合わせ 応仁《おうにん》の乱《らん》おこる

人の世むな（1467年）しい応仁の乱。

　応仁の乱は11年にわたって続き，京都は焼け野原になったよ。

☾ 足利義政《あしかがよしまさ》は京都の東山《ひがしやま》に銀《ぎん》閣《かく》を建てた。

　足利義満《よしみつ》が京都の北山《きたやま》に建てたのは金閣だよ。

社会

★今夜のおさらい

1467年，将軍のあとつぎ問題をめぐる守護《しゅご》大名《だいみょう》の対立などから**応仁《おうにん》の乱《らん》**がおこりました。

こののち各地で戦乱が続く**戦国《せんごく》時代**になり，戦国大名が登場しました。

足利義政《あしかがよしまさ》が**銀閣《ぎんかく》**を建てたころ，簡素《かんそ》で落ち着いた**東山《ひがしやま》文化**が発達し，禅宗《ぜんしゅう》寺院の様式を武家の住居にとりいれた**書院造《しょいんづくり》**や**水墨画《すいぼくが》**が発達しました。

寝る前にもう一度

- 応仁の乱がおこった年は，「人の世むな（1467年）しい応仁の乱」。
- 足利義政は京都の東山に銀閣を建てた。

★今夜のおさらい

現在使われている現代仮名遣《かなづか》いに対して、古文で使われている仮名遣いを歴史的仮名遣いといいます。

古文でよく省略される主語・述語や助詞などのうち、助詞では「が・は・を」が省略されることがあります。

①主語を示す「が・は」の省略

例 師（は）、これを知る。（口語訳 先生は、これを見抜《みぬ》く。）

②動作の対象を示す「を」の省略

例 年ごろ思ひつること（を）、果たしはべりぬ。

（口語訳 長年思っていたことを、果たしました。）

歴史的仮名遣いは、平安時代の中頃《なかごろ》までの表記を基準としているよ。

寝る前にもう一度

- 古文では、「かへす」「をかし」などの歴史的仮名遣いが使われています。
- 古文では、主語・述語や助詞「が・は・を」がよく省略されます。

11. 古文：歴史的仮名遣《かなづか》いと古文の特徴《とくちょう》

★今夜おぼえること

歴史的仮名遣いの読み方

古文の表記	読み方
① 語頭以外の は・ひ・ふ・へ・ほ	わ・い・う・え・お
② ゐ・ゑ・を	い・え・お
③ ぢ・づ	じ・ず
④ くわ・ぐわ	か・が
⑤ 語中の au・iu・eu・ou	ô・yû・yô・ô

① 例 おはす⇒おわす
② 例 ゐる⇒いる
③ 例 恥《は》ぢる⇒恥じる
④ 例 にぐわつ⇒にがつ
⑤ 例 まう《mau》す⇒もう《mô》す

古文には、主語・述語や助詞が省略される、係り結びになるなどの特徴があります。

係り結び

係助詞	結びの形	意味
ぞ・なむ	連体形	強調
や・か	連体形	疑問・反語
こそ	已然形《いぜんけい》	強調

★今夜のおさらい

形容詞の連用形は三つあります。「かっ」は「た」、「く」は「ない・なる」、「う」は「ございます・存じます」に続くときの形です。

また、「大きい・小さい・おかしい」は形容詞ですが、「大きな・小さな・おかしな」は連体詞なので、品詞をまちがえないように注意しましょう。

形容詞の連用形の「ウ」は、ウ音便だよ。「おもしろくございます。」が「おもしろうございます。」と変化するよ。

形容動詞の「こんなだ・あんなだ・そんなだ・どんなだ」や、「同じだ」が体言などに続く場合、語幹そのものを使うことがあります。例えば、「こんなところにあった。」「同じことが続く。」のように使います。

寝る前にもう一度

形容詞の活用は一種類のみです。形容動詞の活用は二種類で、「〜だ」型と「〜です」型があります。形容詞にも形容動詞にも、命令形はありません。

□月日 □月日

10. 文法：活用する自立語②〈形容詞・形容動詞〉

★今夜おぼえること

形容詞の活用

基本形	活用形／語幹	未然形	連用形	終止形	連体形	仮定形	命令形
	続き方	ウに続く	タ・ナイ・ナルに続く	言い切る	トキに続く	バに続く	命令して言い切る
早い	はや	かろ	かっ く う	い	い	けれ	○

形容詞には、**命令形**はありません。

形容動詞の活用

基本形	語幹	未然形	連用形	終止形	連体形	仮定形	命令形
楽だ	らく	だろ	だっ で に	だ	な	なら	○
楽です	らく	でしょ	でし	です	(です)	○	○

形容動詞には**命令形**はなく、「〜です」の形には**仮定形**もありません。

形容詞に命令の意味をもたせたい場合、**動詞の命令形**を付ける。

例 正しくしろ
正しくあれ

形容動詞の場合も同様である。

例 きれいにしろ
きれいにせよ

国語

★今夜のおさらい

五段活用の動詞は、あとに助動詞「た（だ）」、助詞「て（で）」が続いて連用形になるとき、発音しやすいように音が変化することがあります。これを音便といいます。イ音便は「書いた」、促音《そくおん》便《びん》は「行った」、撥音便《はつおんびん》は「飛んだ」のように変化します。また、上一段活用と下一段活用の動詞には、語幹と活用語尾《ごび》の区別がないものがあります。例えば、「見る・いる・着る・似る（上一段）」、「寝《ね》る・出る・得る・経る（下一段）」などです。

サ行変格活用の動詞には、未然形が三つあります。「し」は「ない」、「せ」は「ぬ」、「さ」は「れる」に続くときの形です。また、「信ずる」・「論ずる」のように「～ずる」と濁《にご》って発音するのもサ行変格活用の動詞です。

「～する（ずる）」という形の複合動詞はたくさんあるよ。

寝る前にもう一度

動詞の活用には、五段活用・上一段活用・下一段活用・カ行変格活用・サ行変格活用の五種類があります。

月　日
月　日

★今夜おぼえること

五段・上一段・下一段活用

種類	基本形	活用形／続き方（語幹）	未然形（ナイ・ウに続く）	連用形（マス・タに続く）	終止形（言い切る）	連体形（トキに続く）	仮定形（バに続く）	命令形（命令して言い切る）
五段	知る	し	ら ろ	り っ	る	る	れ	れ
上一段	起きる	お	き	き	きる	きる	きれ	きろ きよ
下一段	食べる	た	べ	べ	べる	べる	べれ	べろ べよ

カ行変格活用・サ行変格活用

種類	基本形	語幹	未然形	連用形	終止形	連体形	仮定形	命令形
カ変	来る	○	こ	き	くる	くる	くれ	こい
サ変	する	○	させし	し	する	する	すれ	しろ せよ

未然形…カ変では「ナイ・ヨウ」、サ変では「ナイ・ヌ・レル」に続く

※カ行変格活用は「カ変」、サ行変格活用は「サ変」と略していうこともあります。

「ない」を付けて見分ける。

・五段活用…ア段の音
例 行か(ka)ない

・上一段活用…イ段の音
例 借り(ri)ない

・下一段活用…エ段の音
例 投げ(ge)ない

カ変…「来る」一語

サ変…「する」と「～する(複合動詞)」

国語

★今夜のおさらい

🌟 **連用形**は、用言や「マス・タ」などの助動詞に続く形ですが、「よく遊び、よく学ぶ。」のようにあとに言葉を続けずに用いることもあります。**終止形**は、言い切って文を終える形ですが、「今日は寒いらしい。」「すぐ終わるが、……。」のように一部の助動詞や助詞が続くこともあります。

活用する品詞は、自立語では動詞・形容詞・形容動詞、付属語では助動詞だよ。

🌙 **語幹**は「行かナイ」「行きマス」の「行」のように変化しない部分、**活用語《ご》尾《び》**は「か」「き」のように変化する部分です。

また、動詞には、「見ナイ」「見マス」のように**語幹と活用語尾の区別のない**単語もあります。「見る」のほかに「着る・似る・得る・来る・する」などもあります。

寝る前にもう一度

- 🌟 単語の活用形には、未然形・連用形・終止形・連体形・仮定形・命令形があります。
- 🌙 活用する単語の変化しない部分を語幹、変化する部分を活用語尾といいます。

□月　日　□月　日

★今夜おぼえること

活用形は、単語が活用してできる形のことで、次の六つがあります。

①未然形　②連用形
③終止形　④連体形
⑤仮定形　⑥命令形

語幹とは活用するときに変化しない部分、活用語尾《ご》《び》とは変化する部分をいいます。語幹と活用語尾の区別のない単語もあります。

未然形	連用形	終止形	連体形	仮定形	命令形
「ナイ・ウ・ヨウ」などに続く形。例 行かナイ	用言や「マス・タ」などに続く形。例 行きマス	言い切って文を終える形。例 行く。	主に体言に続く形。例 行くトキ	「もし～ならば」と仮定する形。例 行けバ	命令して言い切り、文を終える形。例 行け。

国語

★今夜のおさらい

自立語のうち、動作・作用・存在を表す動詞（例話す）、性質・状態・感情を表す形容詞（例青い）・形容動詞（例静かだ）は、単独で述語になります。これらは活用する自立語で、まとめて用言といいます。これに対して名詞のことを体言といいます。

自立語のうち、名詞（例山・日本）は主語に、副詞（例もっと）は主に連用修飾《しゅうしょく》語《ご》（用語を修飾）に、連体詞は連体修飾語（体言を修飾）に、接続詞（例しかし）は接続語に、感動詞（例まあ）は独立語になります。これらは、活用しない自立語です。

品詞は、単語を文法上の性質や働きによって分類したものだよ。

寝る前にもう一度

単語は、十品詞に分けられ、動詞・形容詞・形容動詞・名詞・副詞・連体詞・接続詞・感動詞を自立語、助動詞・助詞を付属語といいます。

★今夜おぼえること

ここで品詞名を覚えようね。

- 単語
  - 自立語
    - 活用する
      - 述語になる　用言
        - 動詞
        - 形容詞
        - 形容動詞
    - 活用しない
      - 主語になる　体言
        - 名詞
      - 修《しゅう》飾《しょく》語《ご》になる
        - 副詞
        - 連体詞
      - 接続語になる
        - 接続詞
      - 独立語になる
        - 感動詞
  - 付属語
    - 活用する
      - 助動詞
    - 活用しない
      - 助詞

月　日
月　日

★今夜のおさらい

★文の成分はどれも、一文節の場合は「〜語」、連文節（二つ以上の文節）の場合は「〜部」といいます。

修飾語《しゅうしょくご》には、体言（名詞）を含《ふく》む文節に係る連体修飾語（例 大きな船。）と、用言（動詞・形容詞・形容動詞）を含む文節に係る連用修飾語（例 ゆっくり歩く。）があります。

独立語は文の最初にくることが多く、すぐあとに読点（、）を付けるのがふつうです。その種類は、①感動（例 まあ）、②呼びかけ（例 もしもし）、③応答（例 はい）、④提示です。提示の独立語は、「平和、それが何よりだ。」のように、強調したい語を文の頭に提示するものです。

寝る前にもう一度

文の成分は、主語・述語・修飾語・接続語・独立語の五つです。文の成分が一文節の場合は「〜語」、連文節の場合は「〜部」といいます。

月　日
月　日

★今夜おぼえること

- **主語**…「何が」「だれが」
（主部）
- **述語**…「どうする」「どんなだ」「何だ」「ある・いる・ない」
（述部）
- **修飾語《しゅうしょくご》**…「何を」「いつ」「どこで」「どのように」
（修飾部）
- **接続語**…前後をつなぐ
（接続部）
- **独立語**…他と直接関わらず独立している
（独立部）

- 何（だれ）＋が・は・も・こそ・さえ・だけ・まで

- どうする（動詞）
- どんなだ（形容詞・形容動詞）
- 何だ（名詞＋だ〈です〉）
- ある・いる・ない

- 一単語の接続語…接続詞
例 だから・すると・しかし
- 二単語以上の接続語
例 晴れ　た　ので、出かけた。
（三単語からなる）

★今夜のおさらい

主語には「～が」だけでなく、「～は」「～も」「～まで」などもあります。述語には「どうする」「どんなだ」「何だ」「ある・いる・ない」があります。

次の二つの関係は、常に連文節になります。連文節とは、二つ以上の文節がまとまって主語・述語・修飾語《しゅうしょくご》などと同じ働きをするもののことです。

・並立《へいりつ》の関係　例 赤くて　きれいな　花だ。

対等の関係

並立

・補助の関係　例 よく　考えて　みる。

「考える」に意味を添《そ》える

補助

並立の関係は、「きれいで赤い花だ。」のように入れ替《か》えられるよ。

寝る前にもう一度

文節どうしの関係には、主語・述語の関係、修飾語・被修飾語の関係、接続の関係、独立の関係、並立の関係、補助の関係があります。並立の関係と補助の関係は、常に連文節になります。

★今夜おぼえること

文節どうしの関係には、次のようなものがあります。

- 主語・述語の関係
- 修飾《しゅうしょく》・被《ひ》修飾の関係
- 接続の関係
- 独立の関係
- 並立《へいりつ》の関係・補助の関係

小鳥が（主語・何が）　鳴く。（述語・どうする）

白い（修飾語・どんな）　犬が（被修飾語・何が）　ほえる。

疲《つか》れたので、（接続語・あとの内容の理由を表す）　座《すわ》った。

はい、（独立語・他とは関係しない）　市川です。

★今夜のおさらい

文章には、小説・随筆《ずいひつ》・論説・日記・詩・短歌・俳句などの種類があります。段落には、書き出しを一字下げて書いた形式段落と、形式段落を内容上からいくつかまとめた意味段落があります。文には、句点（。）ではなく、感嘆符《かんたんふ》（！）や疑問符（？）で区切られたものもあります。

文節は、話し言葉のように「ね」「さ」「よ」を入れて、自然に切れるところで区切れます。

例「私はね動物がさ好きだよ。」

また、「～して／いる」「～する／こと」などは、文節に区切ります。一方、「走り回る」「話し続ける」などのような複合語は一単語です。文節として区切れないので注意しましょう。

寝る前にもう一度

- 言葉の単位は、大きいものから順に文章↓段落↓文↓文節↓単語の五つに分けられます。
- 文節の切れ目は、話す調子で「ね」「さ」「よ」を入れて自然に切れるところです。

□ 月 日
□ 月 日

★今夜おぼえること

言葉の基本単位は五つあります。

文章は言葉の最も大きな単位、段落は文章の中で内容的にまとまった一区切り、文は句点（。）で区切られたまとまりです。

文節は意味を壊《こわ》さず発音上不自然にならない範囲《はんい》で、文をできるだけ短く区切ったまとまり、単語は意味をもった言葉の最小の単位です。

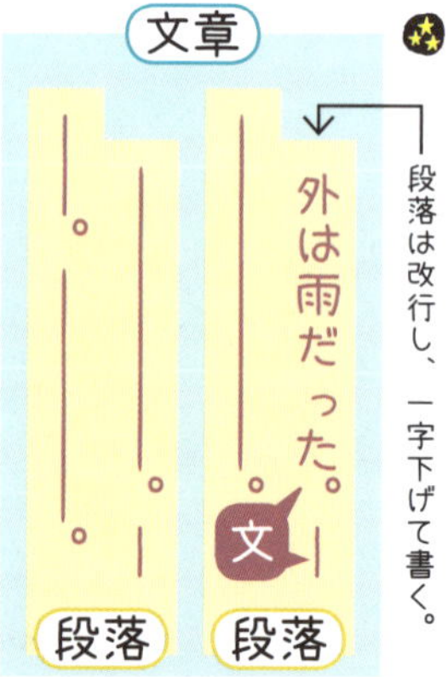

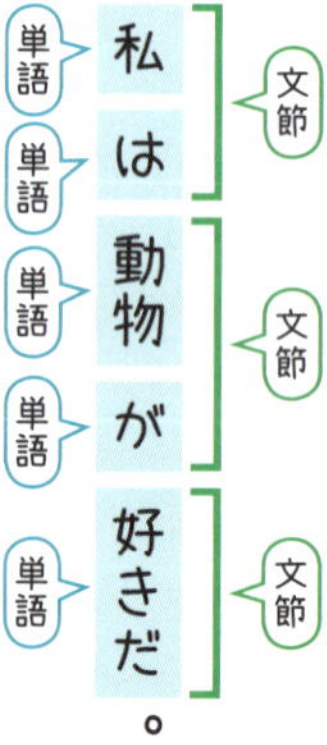

★今夜のおさらい

下の漢字が上の漢字の**動作の目的・対象**になる構成の熟語は、一つ一つの漢字を**訓読み**にし、言葉を補って下から上へ読んで**文の形**にしてみると構成がわかりやすくなります。例えば、「消火」は「火を消す。」、「作文」は「文を作る。」、「登山」は「山を登る。」と言い換《か》えると構成がはっきりします。

上の漢字が**主語**で、下の漢字が**述語**になる構成の熟語も、と同様に、上から下へ読んで**文の形**にすることができます。例えば、「国立」は「国が立てる。」、「地震《じしん》」は「地が震《ふる》える。」、「人造」は「人が造る。」と言い換えられます。

接頭語が付いて下の漢字の意味を**打ち消す**構成の、**打ち消し**の接頭語には、「不・無・未・非」などがあります。

「不定」「未定」のように、同じ漢字にいくつかの打ち消しの接頭語が付くこともあるよ。

寝る前にもう一度

熟語の構成には、下の漢字が上の漢字の動作の目的・対象になるもの、上の漢字が主語で、下の漢字が述語になるもの、接頭語が付いて下の漢字を打ち消すもの、があります。

□月　日　□月　日

★今夜おぼえること

二字熟語の主な六つの構成のうち、残りの三つを覚えましょう。

- 下の漢字が上の漢字の**動作の目的・対象**になる構成
- 上の漢字が**主語**で、下の漢字が**述語**になる構成
- **接頭語**が付いて下の漢字の意味を**打ち消す**構成

- 読書…読む　書を
  「書」が「読」の目的・対象を表す
  例　消火・作文・登山

- 腹痛…腹が　痛い
  「腹」が主語、「痛」が述語を表す
  例　国立・地震《じしん》・人造

- 無害…無　害
  「無」が打ち消しの接頭語
  例　未知・不滅《ふめつ》・非常

★今夜のおさらい

意味が似ている漢字を重ねた構成は、さらに詳《くわ》しく分けられます。①様子や性質を表す漢字を重ねたもの（例温暖）、②動作を表す漢字を重ねたもの（例勤務）、③物の名前を表す漢字を重ねたもの（例道路）の三つです。

意味が反対や対《つい》になる漢字を重ねた構成も、と同様に三つに分けることができます。

①の例には「軽重」、②の例には「発着」、③の例には「縦横」があります。

上の漢字が下の漢字を修飾《しゅうしょく》する構成の熟語は、一つ一つの漢字を訓読みにしたり、言葉を補って文の形にしたりすると構成がわかりやすくなります。例えば、「国旗」は「国の旗。」、「急増」は「急に増える。」、「永住」は「永く住む。」と言い換《か》えると構成がはっきりします。

寝る前にもう一度

二字熟語の構成には、意味が似ている漢字を重ねたもの、意味が反対や対になる漢字を重ねたもの、上の漢字が下の漢字を修飾するもの、があります。

月　日　月　日

★今夜おぼえること

二字熟語の構成は、主に六つに分けられます。ここでは、その中から三つ覚えましょう。

- 意味が似ている漢字を重ねた構成
- 意味が反対や対《つい》になる漢字を重ねた構成
- 上の漢字が下の漢字を修飾《しゅうしょく》する構成

善良…善い＝良い（似た意味）

例 温暖・勤務・道路

善悪…善い⇔悪い（反対の意味）

例 軽重・発着・縦横

親友…親しい→友（「親」が「友」を修飾）

例 国旗・急増・永住

国語

★今夜のおさらい

部首とは、複数の漢字に共通する部分のことです。それぞれの部首の呼び名と位置を覚えましょう。

- へん→左側
- つくり→右側
- かんむり→上部
- あし→下部
- たれ→上部から左側
- にょう→左側から下部
- かまえ→外側

多くの部首は、その漢字の意味を表しています。

筆順は、七つの原則のうち、まず、①上から下へ（例 丶 亖 言）、②左から右へ（例 丿 川 州）という二大原則を覚えましょう。筆順は字全体を整った形で書けるように考えられたものです。筆順通り書くと整った字を書くことができます。

筆順は、原則に当てはまらないものも、たくさんあるよ。

寝る前にもう一度

- 部首には、へん・つくり・かんむり・あし・たれ・にょう・かまえの七つがあります。
- 筆順の七つの原則のうち、主な二つの原則は、①上から下へ、②左から右へ、です。

□ 月 日 □ 月 日

★今夜おぼえること

部首は、位置によってへん・つくり・かんむり・あし・たれ・にょう・かまえの七つに分けられます。

筆順には、代表的な原則が七つあります。

①上から下へ ②左から右へ

③横画が先 ④中央が先

⑤外側が先

⑥左ばらいが先

⑦貫《つらぬ》く画は最後

部首の名前と具体例

へん	亻(にんべん)・木(きへん)
つくり	刂(りっとう)・力(ちから)
かんむり	宀(うかんむり)
あし	灬(れんが・れっか)
たれ	广(まだれ)・厂(がんだれ)
にょう	辶(しんにょう・しんにゅう)
かまえ	門(もんがまえ)

筆順の原則の具体例

①三→一 二 三	②川→丿 川 川
③土→一 十 土	④小→亅 小 小
⑤同→冂 同 同	⑥文→亠 ナ 文
⑦中→冂 口 中	

国語

国語は
こちら側から
始まるよ!

編集協力：小縣宏行，(有)アズ，鈴木瑞穂，有限会社マイプラン，野口光伸，寺南純一

表紙・本文デザイン：山本光徳
本文イラスト：山本光徳,根津あやぼ,株式会社アート工房,まつながみか,さとうさなえ,森永みぐ
DTP：株式会社明昌堂　データ管理コード：20-1772-0289（CC19）
図版：(有)アズ，木村図芸社，株式会社明昌堂

※赤フィルターの材質は「PET」です。

◆この本は下記のように環境に配慮して製作しました。
・製版フィルムを使用しないCTP方式で印刷しました。
・環境に配慮して作られた紙を使用しています。

寝る前5分 暗記ブック 中1

㉓